人际交往
心理学

宋犀堃◎编著

扫码收听全套图书

扫码点目录听本书

中国民族文化出版社

北 京

图书在版编目（CIP）数据

人际交往心理学／宋犀堃编著. —北京：中国民族文化
出版社有限公司，2019.10（2023.8 重印）

ISBN 978 -7 -5122 -1261 -9

Ⅰ. ①人… Ⅱ. ①宋… Ⅲ. ①心理交往－社会心理学
Ⅳ. ①C912.11

中国版本图书馆 CIP 数据核字（2019）第 202035 号

书　名：人际交往心理学
作　者：宋犀堃
责　编：张　宇
出　版：中国民族文化出版社
地　址：北京东城区和平里北街 14 号（100013）
发　行：010 -64211754　84250639
印　刷：三河市众誉天成印务有限公司
开　本：32k　880mm ×1230mm
印　张：6
字　数：136 千
版　次：2023 年 8 月第 1 版第 2 次印刷
ISBN 978 -7 -5122 -1261 -9
定　价：36.00 元

前　言

　　戴尔·卡耐基，美国著名的演说家、作家、教育家、现代成人教育之父，被誉为20世纪最伟大的心灵导师。他生于美国密苏里州一个贫民家庭，在中学和大学时代就积极参加辩论俱乐部的各种活动，曾从事过推销员、演员等工作，但未获成功。后来，他在基督教青年会教演讲术，广受听众欢迎，从此走向成功。他的《卡耐基沟通与人际关系》《人性的弱点》《美好的人生》等著作，已经成为人类历史上最具影响力的励志图书，曾激励和影响了世界亿万读者。

　　早在20世纪上半叶，当经济不景气、社会不平等、战争杀戮等痛苦正在磨灭人类追求美好生活的心灵时，卡耐基以他对人性的洞见，利用大量普通人通过不断努力取得成功的故事，唤起无数人的斗志，激励他们走向成功。

　　卡耐基一生致力于人性问题的研究，运用心理学和社会学知识，对人类共同的心理特点进行探索和分析，开创并发展出一套独特的集演讲、推销、为人处世、智能开发于一体的成人教育方式。接受卡耐基教育的社会各界人士中不乏军政要员，甚至包括几位美国著名的政治领袖。 千千万万的人从卡耐基的教育中获益。

　　本书是卡耐基多年培训经验的分享，它不是闭门造车的异想天开，也不是空洞无物的研究专著，而是成千上万的真实故事所总结的成功精髓。 打开本书，你将学到解除烦恼、走向成功的秘诀，进而拥有快乐而美满的人生。

2019 年 9 月

目 录
CONTENTS

扫码点目录听本书

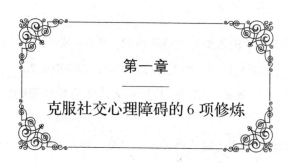

第一章

克服社交心理障碍的 6 项修炼

扫码收听全套图书

扫码点目录听本书

千万不要孤立自己

扫码点目录听本书

对全世界的人类所抱持的态度，也应将自己本身包含在其中。 你依赖别人，别人才会依赖你；你尊重别人，你才能赢得别人的尊重；如果你藐视别人，你也难免受到别人的藐视。

著名的诗人约翰·唐曾说："没有别人，你就是一座孤岛。"也许，每一个人在这个广阔的世界上，都能建立一个属于自己的天地，但可以肯定的是，这些小天地都是相互联系、彼此依靠的。 任何人都不可能过完全与世隔绝的生活，我们需要从他人处获得尊敬和满足。

可是，与别人相处时，怎样去观察对方呢？ 戴尔·卡耐基的诀窍是：一、用心去倾听对方的讲话，再根据他们的经历以及他们处理争执和困难时的方式，融合自己所感受到的一切，就能描绘出对方到底是一个什么样的人；二、不要害怕吃亏。 在日常生活中，有许多人因为怕别人尽占上风，或是怕别人伤害到自己，所以把自己孤立起来。 有的人甚至于

◇ 学会多为他人考虑 ◇

为此提心吊胆，生怕不能保全自己。

一个处于孤立无援的境地的人是非常可悲的。 要知道，友谊是人生巨大的财富。 当我们快乐的时候，我们希望与朋友一起分享，让快乐持续得长久一些；当我们有了困难，我们同样希望有人能与我们分担，急我们所急，想我们所想。现代精神分析学家们指出，"受人尊重"也是人类的一个基本需要，而能满足你的这种需要的人，便是你的朋友。

与朋友相处，切忌不能斤斤计较。 中国有句古训：吃亏就是占便宜。 有许多看起来非常"聪明"的人，他们能很快地和陌生人变得熟悉起来，取得别人的信任，但同时他们又很快地被以前的朋友列为"不受欢迎的"人。 这种人在我们的生活中并不少见，他们有一个共同特征，那就是喜欢处处占便宜，很少考虑别人的需要和感受。

爱玛和简曾是一对要好的朋友。有一段时间，爱玛和丈夫分居了，她的情绪非常低落，常常打电话向简倾诉，有时甚至是深夜十二点以后。简是一位儿科医生，工作很忙，下班回到家已很疲惫，而爱玛却没有为朋友考虑那么多。简觉得自己的朋友是一个非常自私的人，慢慢地就不愿意和她来往了。

生活中这样的例子实在太多了。 你也应该好好地反省一下自己：我是否是一个爱占便宜的人？ 我是否因此失去过朋友？ 我的朋友中哪些人是善解人意的？ 而哪些人是以自我为中心的？

戴尔·卡耐基为了更好地说明哪些人更容易受人欢迎，讲了他的姑妈的故事。他说："在我的一生中，令我印象最为深刻的是我的克莉丝姑妈，我恐怕再也不会遇见比她更仁慈慷慨的人了。她把无尽的爱心、关怀、快乐给了别人，却从不要求回报。在她逝世之前，她虽然双耳失聪，双腿也因关节炎而行走不便，但仍深受大家的爱戴，大家都以能与她单独相处谈话为乐。在聆听别人的谈话时，她从不表现出厌烦或心不在焉的表情。她以她丰富的人生经验和知识，不仅能倾听你的谈话，还能了解你的感受，给人以一种遇逢知己的感觉。"

努力去了解别人，并取得对方的信赖吧！要知道，他人的经验如同一件艺术品，是值得我们去细细品味和学习的。只有这样，别人才更加乐于结识你，你的生活才能更充实。

克服人际交往中的冷漠心理

有些人对与自己无关的人和事一概冷漠对待，甚至错误地认为言语尖刻、态度孤傲、昂首阔步就是自己的"个性"，致使别人不敢接近自己，从而失去了很多朋友。这些人常常把自己的真实思想统统掩盖起来，试图与世隔绝，冷漠心理严重者导致对任何人都不信任，怀有很深的戒备心，从而隔绝了人际交往。

冷漠是对周围环境中的人和事漠不关心的一种心理体验。冷漠是缺乏群众意识、社会意识的表现，如对集体学习、劳动、社会活动不感兴趣，对同志、同事、同学冷淡无情。冷漠心理特别是冷漠症的形成，一般与人的早期心理发展有很大关系。人类个体出生以后，有很长一段时间不能独立，需要父母亲的照顾。这一时期，如果终日不断被骂、被批评，得不到父母的爱，儿童就会觉得自己毫无价值。更进一步分析，如果父母对子女不公正，就会使儿童是非观念不稳定，产生心理上的焦虑和敌对情绪。有些儿童因此而逃避与父母有身体和情感的接触，这样就出现了冷漠症状。

导致冷漠心理产生的成因是多方面的。一般说来，当一个人失去了亲友、事业不顺或健康不佳时，往往会失去生活的动力和信心，这时冷漠心理便会趁机而入了。尤其是一些年轻人，对于生命、事业、朋友、爱情都有很高的期许。俗话说，希望越大，失望越大，一旦目标不能实现，情绪就会一落千丈。因此，观念的狭隘和过高的成就动机往往是冷漠形成的初因。其次，当人们受到生活的不断打击之后，很容易对别人的意见漠不关心，无论是赞扬还是批评都无动于衷，过着孤独的寂寞生活。另外还有人自认清高，或是以己为中心，害怕承担社会义务，因此不愿与人交流而造成冷漠心理。

具有冷漠心理的人，生活是平淡的、刻板的，缺乏创造性和感情，很难适应多变的现代社会生活，更难于同人交际，因此孤独常常成为他们的伴侣。其实，从深层次分析，冷漠者的内心世界极其广阔，常常想入非非，只是缺乏相应的情感内容，他们习惯以冷漠无情去应付难点，以"眼不见为净"的方式来应对所遇到的现实问题，但这种与世无争的外表却不能压抑其内心的焦虑，长期下去便会生出抑郁症等心理疾病来。

克服冷漠心理，有以下几种途径：

1. 树立理想，实现自我

这是针对那些因受挫而产生冷漠心理的人而言的。这种类型的人，因为累受挫折而对自己的能力产生怀疑，要消除这种怀疑，除了正确地评价自己以外，还要学会适当地表露自己的才能。因此，要重拾理想，为理想而拼搏奋斗，在奋斗的过程中循序渐进地增强其自信心，逐步克服其冷漠的心态。

2. 多点宽容，虚怀若谷

受到生活挫折而形成冷漠心理的人，需要常常想一想大自然，"海纳百川，有容乃大""重山怀万水，大水会群流"，走近自然，感受一下自然的伟大与宽容，从而陶冶自己的情操。

3. 献出爱心，帮助他人

积极参加社区服务，为社会和需要帮助的人奉献出一颗爱心，这是最容易被接受和承认的一种自我实现方式。"予人玫瑰，手留余香"，常常帮助别人，就能打开自己冷漠孤寂的心扉，使自己活跃于广泛的人际交往之中。

不要唱独角戏

交谈是双方乃至多方面的事情，你不能剥夺了其他人说话的机会。如果是这样，你不如走上演讲台。而如果你没有这种能力，那说明你还不具备自个儿说了算的谈话水准，因此就有理由听人家说些话，也许这对你是不无教益的事情。

有一天，我坐在咖啡屋里休息时，旁边有一对年轻的男女在谈话。他们似乎在讨论学生运动会的问题，不过我总听到女孩在讲，而男孩则只是做一个沉默的听众。

好几次男孩想开口，女孩就用一个断然的手势压住了他，于是男孩便乖乖地闭上嘴。显然这女孩沉浸在亢奋的说话境界里，而根本没有考虑到对方是否厌烦，是否在听她讲。

到最后，那男孩实在没多少兴致了，便忍不住站起来："我们走吧！"

"坐下，我还没说完呢！"女孩说。

男孩子没办法，只得重新坐下，点了一根烟，又忍受了15分钟。最后他实在没法听下去了，便说：

"我走了，你一个人在这儿说吧！"

那女孩气得脸色泛红，大叫："喂！回来！"

我们知道说话的确有一种快感，但我们不能仅考虑自己。如果你一个人大声谈话，独断地阻止人家说话，那会使对方心有不甘。如果别人觉得你的说话根本没什么价值，而他们所要讲的才是有价值的话，那你谈得越高兴，别人就越认为你愚蠢，因此会极其厌烦你。

要知道快感是一时性的，往往在事情发生后会后悔莫及，尤其座谈的对象是朋友而非敌人时。年轻人或者社会经验不足者往往会逞一时之快，而忽略了对方的存在，这是对他人的一种藐视。好像你是老师，别人是学生，你能说话，而别人却只有听话的份儿。

交谈要使双方都有兴趣才行，这是我们必须记住的。

危难中施以援手助你结交贵人

人的一生不可能总是一帆风顺的，挫折、噩运在所难免。当有人落难之时，正是对他周围人的考验。远离而去的人可能从此成为陌路人，同情、帮助他渡过难关之人，他可能会铭记终身，等他时来运转之时，曾经帮助过他的人往往会得到他更大的帮助。所谓的莫逆之交、患难朋友，往往就是在困难时期产生的，这时形成的友谊是最有意义和价值的。

对失势之人说上一句暖心的话，就如同扶起一个将倒之人，能够让他得到安慰与支持。对一个陷入困境的人，数十元钱的帮助或许会使他开创出一番事业。

布特是美国一家律师事务所的律师，由于一时疏忽，他投资的股票几乎亏尽，在走投无路之时他收到一封信。信是一家公司总裁写的：乐意将公司30%的股权转让给布特，并聘请他为公司和其他两家分公司的终身法人代理。布特简直不敢相信自己的眼睛。

布特找上门去，总裁是一位不惑之年的波兰裔中年人。"还记得我吗？"总裁问。

布特摇了摇头。总裁微微一笑，从办公桌的抽屉中拿出一张皱巴巴的5美元汇票，上面夹着的名片，印着布特律师事务所的地址与电话。

布特实在想不到还有这样一件事情：

"五年前，在移民局……"总裁开了口，"我在排队办工卡，排到我时，移民局已快关门了。当时，我还少5美元的申请费。倘若那天我拿不到工卡，雇主就会另外雇用他人了。正在我万般愁苦之时，是你从身后递给我5美元，我要你留下地址，好将钱还给你，你就将这张名片送给了我。"

布特慢慢回忆了起来，但是仍然半信半疑地询问："后来呢？"

总裁说："后来我就在这家公司上班，我有钱后，第一件事就想将这张汇票寄出，然而一直没有这样做。因为我独自一人来美国闯天下，曾经历过许多冷遇与磨难。这5美元改变了我人生的态度，也改变了我的命运。所以，我得好好报答你，我不能随便就寄出这张5美元的汇票，因为这5美元不再是金钱能够衡量的了。"

上面这则故事中的布特以5美元"购买"的"原始股票"，得到了丰厚回报。常言讲"投桃报李"，如果我们愿意去帮助那些暂时落难的人，就可能会获得不菲的回报。

朋友多了路好走

一个能力很强、见识过人的人，即使目前看上去已经事业有成，倘若没有几个真正的朋友，那就不能称得上是成功。因为一个人是否成功很大程度上取决于他择友是否成功。朋友的力量是你永远的财富；而失去了朋友的人生就会变得黯淡无光，找不到生活的乐趣与希望。

在人际交往中，要想获得友谊，就需要付出你的真情，要用你的真诚打动周围的每一个人。

其实，对周围的人付出真情，并不需要你花去很多时间或是让你付出太多精力，有时你只需学会做一位听众，倾听对方的诉说就行，这样也会为你带来好人缘。

有一位女青年，定期到一家美容店做美容。店里的一位美容师向她诉说婚姻的不幸，并问她，自己是否应该离婚。这位女青年对她的家庭并不熟悉，也不能胡乱为她出主意，所以每次美容师问她，她就会反问道："你看该怎么办?"美容师就会仔细考虑,并说出自己的想法来。

没过多久,这位女青年便收到美容师的鲜花与感谢信。一年过后,又收到了美容师的一封信,说她的婚姻已很美满,非常感谢这位女青年的好意。

其实,这位女青年什么主意都没替这位美容师出,只是真诚的态度及足够的耐心打动了美容师,给她提供整理自己思绪的时间与机会,使她从非理智转变到理智中来,找到了解决问题的办法。 这位女青年就这样轻松获得对方的友谊与谢意。

获得友谊与影响他人最佳的方法之一就是:认真对待别人的想法,让他认为他的想法很重要。

一个真正的朋友,在思想上能与你接近,也能够理解你的志趣,了解你的优势和弱点。 真正的朋友会鼓励你全力做好每一件正当的事,消除你做任何坏事的不良念头。 为你增添无穷的能量和勇气,让你以"不成功绝不罢休"的精神,积极度过生活中的每一个日日夜夜。

朋友间因为各人的性格、习惯、特点各不相同,谁都不免会有自己的弱点、短处与过错,倘若看着朋友的不足与过失不指正、不劝阻,那如何能够体现出是真正的友谊呢? 朋友间也会由于各自的思想观念与见解不同发生分歧,产生争吵,这也是正常的。 即使是有着共同理想与事业的朋友,也难免这样。

朋友对于事业的成败起着举足轻重的作用。 这里还有一个关于维克多连锁店的故事。

维克多从父亲手中接过一家食品店，这家食品店是一家老店且已经出了名。维克多盼望它能在自己的手中发展得更为壮大。

有天夜晚，维克多在店中收拾杂物，次日他将与妻子去度假。他准备早些关闭店门，以便做一下准备。忽然，他看见店门外站着一个年轻人，面黄肌瘦、双眼深陷、衣衫不整，是一个典型的流浪汉。

维克多是一位热心人，他走出去，对那位年轻人说："小伙子，有什么需要帮助的吗？"

年轻人害羞地用浓重的墨西哥口音问道："这里是维克多食品店吗？"

"是的。"维克多回答。

年轻人更害羞了，他低着头，小声地说："我是从墨西哥来找工作的，可是整整三个月过去了，我仍没有找到一份理想的工作。我父亲年轻的时候也来过美国。他曾经告诉我，他在你的店中买过东西，噢，就是这顶帽子。"

维克多看到小伙子的头上果然戴着一顶很破旧的帽子，那个被污渍弄得模模糊糊的"V"字形符号正是他店里的标记。"我现在没有钱回家了，也好长时间没吃过一顿饱饭了。我想……"年轻人可怜巴巴地说着。

维克多明白了眼前站着的人只不过是多年前一位顾客的儿子。但是，他觉得应该帮助这位小伙子。于是，他将小伙子请到店内，让他饱餐了一顿，还给了他一笔路费，让他回国。没过多久，维克多便将这件事情忘记了。

过了十多年，维克多的食品店生意越做越兴隆，在美国开设了多家分店。于是他决定向海外扩张，然而由于他在海外没根基，要想从头发展也相当困难。为此，维克多一直十分犹豫。

此时，维克多忽然收到一封来自墨西哥的陌生人的信件，原来这封信正是多年前他曾帮助过的那位流浪青年寄来的。

那位青年已经成为墨西哥一家大公司的总经理，他在信中邀请维克多来墨西哥谋发展，与他共同开创事业。这令维克多十分高兴，有了那位年轻人的帮助，维克多很快便在墨西哥开设了他们的连锁店，而且发展得很快。

扩大社交圈的方法

我们每个人都生活在自己的圈子里，无论什么样的圈子，每个人都在里面有自己的角色。也许有人只想平平淡淡地在自己的圈子里过着自己的生活，但更多的人却是想在人群里扩大交往，扩大对自己有用的圈子。

如果想在特定的圈子中扩大交往和影响，那么最重要的是，我们是否具备足够的自信和强大的沟通能力，及时应对，适时赞美他人，树立自己的个人品牌。同时，在人际交往中就必须遵守一定的关系法则，注意有所为，有所不为。

许多成员关系稳定的专业圈子通常会意味着某些资源的集中，乃至一个小众群体的形成。一个人要想成功，要想发展人脉，就离不开加入一些精英圈子，以多渠道地获得发展机会。但不可忽略的是，一个组织中最有影响力的人，差不多总是那些创始人、主要组织者、核心人物。尤其发起者的先发优势非常明显，作为圈子中最早的核心人物，他们的影响不仅表现在圈子形成的过程中，而且会持久体现在圈子稳定之后的持续扩大上。

因此，一个人要想扩大自己的圈子和交往半径，可以有以下途径：

其一，如果你已在一个很好的圈子平台中，可以积极主动地与大家分享你的专业或行业知识和独特的经验，物以类聚，人以群分，这样你就能迅速扩大你所希望的交往和拥有的圈子半径。

其二，通过各种关系，主动参加一些有影响力的组织和圈子，主动积极参加圈子里的活动，担当中坚或骨干的角色。

其三，发起或组织在圈子里的各种社会活动，甚至花费大量时间和精力，可以结交更多的朋友，也可以赢得大家的认可。

另外，谨防有思想毒素的人。这就如我们都对大麻毒品很敏感，一直避免受毒品的毒害。但还有一种毒素不可轻视，那就是思想的毒素，也有人叫它"闲话"，即关于别人的消极性的谈话。思想的毒素不会影响身体各器官的功能，却会影响大脑的思考功能。同时因为它不可捉摸，因此许多思想有毒的人自己并没有感觉。

说闲话不是妇女的专利，有许多男士也有这样的习惯。每天有几千句闲话是男士开的头，话题例如下面几种："关于老板的婚姻财务问题""张三调职的可能性""李四得宠的种种原因"以及"为什么要重用那位新人"等等。这种毒素的受害人起先还以为自己很对，因而沾沾自喜。他似乎由于挑拨是非而获得某种不正常的快乐，他根本没有想到自己越来越惹人讨厌，越来越低贱了。

任何一个圈子的存在和发展，都必须要有人奉献大量时间甚至金钱。要想在圈子中扩大影响力，就必须积极主动地参与圈子建设，热心组织各类活动。

没有付出，哪来回报。这一原则同样适用于圈子生活。实际上，拥有人际关系的最佳方法是，不要一味地要求别人为你做什么，而要时常想想你能为别人做什么。这才是建立关系网的真正艺术。那种凡事不沾边，喜欢吃现成饭的人，是很难获得圈子中大多数成员的尊重和拥护的。任何一个圈子的存在和发展，都必须要有人奉献大量时间、精力甚至金钱。而要想在圈子中扩大交往，还需要在力所能及的范围内，积极主动地参与圈子的建设，热心组织各类活动。

诚信是交朋友的第一原则，也是在圈子中立足的最重要的品德。在人脉圈子中，诚信简直比眼珠子还宝贵。一个人如果一旦背上不守诺言、背信弃义的名声，也意味着他在这个圈子里声名狼藉的日子已经到了。

要成为圈子中受欢迎的人，那就是不要把自己当中心，要学会倾听。倾听是一种习惯，倾听是一种尊重，倾听是一种内涵。在与人交往时，要学会倾听。不要总是自己一个人夸夸其谈，滔滔不绝，要学会首先请别人发言，倾听对方的意见。学会倾听远远要比大多数人想象中的困难，因为这需要虚心和良好的修养。不管你能力有多强，如果你不能弄清楚圈子中其他人的想法，你就不能成为一个有影响的人。

付出等于回报，这同样适用于圈子生活。分享是一种最快速扩大人脉圈子的方式，你分享得越多，得到的人脉就越多。这也是建立人脉关系网的最有效办法，就是要有共赢思维和分享意识，损人利己的事并不能长期地利己。萧伯纳有句名言："我有一个苹果，你有一个苹果，交换一下每人还是一个苹果；我有一个思想，你有一个思想，交换一下每人至少有两个以上的思想。"

学会与人分享，并实现共赢，这是建立人脉关系网的最有效办法，包括在大学中积极参加各种社团和交流活动。北京大学党委书记闵维方说，留学生涯中，他至今不能忘怀的就是斯坦福大学的"午餐学术交流会"，因为大家能够彼此分享生活和智慧——"学生和老师一起聚餐，大家不仅把自己拿手的菜式带来，也把自己的学术思想带来。一边大快朵颐，一边神聊海侃，各种思想火花都在这里聚集碰撞。这是一种极好的思想交流方式。"

当然，我们应该清楚：用来分享的应该是快乐和成就，而非痛苦和失败。双赢是最理想的结果：而双输则无疑是最坏的结果，你不但没有减轻失败，还失去了朋友和人脉，甚至还可能多了个潜在的"敌人"。开放你的圈子，扩大你的圈子，这是市场经济个性化时代值得花些时间和精力来做的，你一定会有意想不到的收获。

另外，我们在编织"关系网"时应注意以下几点：

（1）要重视你的"关系网"。精神食粮对心理健康有滋补作用。

（2）使你的"关系网"为你工作，而不是拖累你，不要让那些阻力，亦即专门扯你后腿的人使你萎靡不振。

（3）不要让那些思想消极、肚量狭窄的人妨碍你的进步。那些幸灾乐祸、喜欢嫉妒的人都想看你摔跤，不要给他们机会。

（4）尽量请教成功人士。千万不要到长舌妇那里征求意见，因为这种人一辈子没有出息。

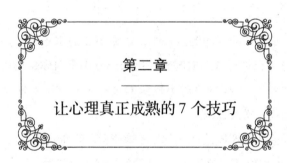

第二章

让心理真正成熟的 7 个技巧

将对手视为良师益友

在追求事业成功的过程中，让你不断追求进步的动力，一部分来自你对成功的渴望，另一部分则来自你超越竞争对手的决心。在与竞争对手较量的过程中，你不断地完善自己，赢得一次次超越。

在商业管理界，有一个著名的理念，叫作鲶鱼效应。这种理念的内容是什么呢？为何管理与鲶鱼有关呢？

挪威人爱吃沙丁鱼，尤其是活鱼，因此海边渔村的很多渔民都以捕捞沙丁鱼为生。但沙丁鱼的生命很脆弱，只要一离开深海区，要不了半天就会死亡。

然而奇怪的是，有一位老渔民每天出海捕捞沙丁鱼，返回岸边后，他的沙丁鱼总是活的。而其他几家捕捞沙丁鱼的渔户，不管如何处理捕捞到的沙丁鱼，回港后都全是死的。由于鲜活的沙丁鱼价格要比死的沙丁鱼高出一倍多，所以没过几年，老渔民一家便成为远近闻名的富翁。周围

◇ 让出功劳也是一种智慧 ◇

你知道吗？我负责的这个项目帮公司获得了很大收益。

大家靠这个项目都能在年末拿到一笔奖金，还好我顺利拿下了这个项目。没有我，这项目肯定做不成。

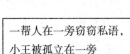

一帮人在一旁窃窃私语，小王被孤立在一旁

因为你想要独享荣誉，而没有考虑到同样为这个项目殚精竭虑的其他人的心情。

帮大家提升了业绩，为什么反而感觉被大家联合排挤了？

乐于让出功劳是一种大智慧。一时的牺牲换来的是大家对你的尊重与爱戴，而一味居功只会激化人际矛盾，让大家都不愿意接近你。

的渔民做着同样的买卖，却一直只能维持简单的温饱。

老渔民临终的时候，将秘诀传授给儿子。原来，老渔民使沙丁鱼不死的秘密，就是在整个沙丁鱼的船舱中放入几条鲶鱼。而鲶鱼与沙丁鱼是出了名的对头。所以，当几条力量微薄的鲶鱼遭遇到整船舱的对手之时，便慌忙在沙丁鱼堆中到处乱窜，这样，反而将满满一舱濒临死亡的沙丁鱼全部给激活了。

从这种鲶鱼效应中我们能够看出，鲶鱼是沙丁鱼的对手，却让沙丁鱼感受到了压力，由此产生了活力，活得更长久了。这就是竞争对手能够激活的力量，让起初死气沉沉的船舱变得有了活力。在现代社会竞争中，这种鲶鱼效应也到处可以看见。当一个人在做大事时，他也会受到来自竞争对手的压力，这样，他的潜力也容易得到很好的激发。

从某种意义上说，有了对手，才会有危机感，才会有竞争力；有了对手，你才会发奋图强，锐意进取。否则，就只能被吞并，被替代，被淘汰。

希尔是万维电器公司的销售人员，他一直都干劲十足，成绩优秀。最近希尔却感到自己的情况不对：工作业绩不断下滑，自己却找不到是什么原因。

为何会出现这种情况呢？希尔不知所以。他似乎每天还是与平时一样上班，还是一样地联系客户，但是效率却明显地有所下降。为了找到原因，希尔开始将前几个月的环境与近几个月的境况做比较，最终他发现，自己业绩最好的时候与现在的处境只有稍许不同，那就是竞争对手约翰从这家公司离开了。

约翰的离开为什么会造成这样大的反应呢？希尔觉得很奇怪。数年来，希尔一直将约翰当成"死敌"，做什么事都与他较劲，从心底里说，希尔并不服他。一想到约翰，希尔就既羡慕又嫉妒，因为约翰每一次都是公司的销售冠军，自己虽然用力拼搏，但也只是缩短了与约翰的销售额之间的距离，却始终不能超越他。

意识到因为约翰的离开使自己有了变化后，希尔开始反思自己的行为，他吃惊地发现，先前由于将约翰当成自己的对手，工作上充满动力与信心，可是自约翰走后，自己的工作积极性下降了，服务质量也明显不如先前。

从希尔的工作变化中我们能够看出，竞争对手有明显的激励作用。在面对强烈的竞争对手之时，希尔会全力以赴去做得很好，他的办事能力在无形中得到了提升。

从某种角度来讲，竞争对手是世界万物的进步因素。一种动物倘若没有对手，就会变得死气沉沉；一个人倘若没有对手，那他就会甘于平庸，养成惰性。同样的道理，一个群体倘若没有对手，就会因为相互信赖而丧失活力；一个行业倘若没有了对手，就会丧失进取，安于现状而最终走向衰亡。而竞争则给平淡与惰性注入了动力，让每一位身在竞争中的人变得敏锐且有活力。

很多人都将对手视为异己，恨不能马上除之。其实，只要反过来想一下，就会发现拥有一个强劲的对手，会让你时刻有种危机感，会激发你旺盛的精神与斗志。

那么，怎样才能将竞争对手带来的压力转化为前进的动力呢？

1. 了解你的竞争对手

竞争对手之所以能成为与你匹敌的对手，本身定有可取之处。了解你的竞争对手，你就能在发现自己优势的同时看到对方的优点，学习对方过人的地方。

2. 比你的竞争对手更努力

竞争对手既是你的对手，又是你需要不断超越的标尺。在创业时，你可将对手的勤奋与创业方法当作对照物，争取比他做得更好。

成功的捷径是努力，而且是成功需要付出的代价，成功最重要的因素是比别人付出更多的努力。通过竞争与对比，你会进步得更快。

3. 努力把竞争对手变成合作伙伴

与人竞争并非盲目竞争，而是有策略地赢得胜利。美国哈佛大学竞争学专家鲁菲尔说："与人竞争重在让对手产生自尊感。"当你需要请对方帮助时，要使他觉得自己十分重要，进而获得友谊与合作。

从某种意义上说，正是由于竞争对手的刺激，你才变得更加认真与努力，也更易于成功。其实，竞争对手也是你通向成功之路难得的贵人。

学会肯定对方的观点

在人际交往中，人们在潜意识里都渴望得到别人的肯定，由此及彼，别人也渴望我们的肯定。当然，肯定对方并不是随便地敷衍对方，而是要学会"放低姿态，放下身段"，不仅要学会仔细倾听别人的话，更要学习"忖度他人之心"，理解他们这样说的原因和立场，尽量体谅他们。这样既能学习他们的优点，也能让对方感到自己被尊重和理解。任何事物都有两面性，人也不例外，每一个人都有优点和缺点，但如果你只能看到别人的缺点，那么生活就会变成悲剧；如果你学会了欣赏别人，那么你的生活便会由你演绎成一部喜剧。有人曾经试验过，如果每天都看别人的缺点，如"这个人话太多了，那个人太骄傲了，还有那个人真烦人"……这样，一天下来，他的心情会很不好，因为他看到的都是别人的缺点，每个人都让他厌恶。后来，这个人便试着从另一面去了解别人。"这个人话很多，但是总能说出和别人不同的见解；那个人太骄傲，也是因为他有值得骄傲的资本，而且他经常帮助同事；还有那个他讨厌的人，其实都是在和自己开善意的玩笑，也没什么不好"。慢慢地，他觉得日子过得其实挺开心的。用欣赏别人的眼光去看身边的人，会让你的世界开满鲜花、充满欢乐，其实欣赏别人更是一种气质、一种发现、一种理解、一种智慧、一种境界！

欣赏别人是能让自己前进的基石，一位西班牙学者说："尊重每个人，因为他知道人各有所长，也明白成事不易，学会欣赏别人会让你获益无穷。"欣赏别人的过程也是一个学习的过程，可以让自己收获更多自己身上还不具备的优点。仔细想想，当你苦心思索出的观点与计划被某人三言两语、轻描淡写地否决后，你会不会发自内心地感谢他对你的"逆耳忠言"？你不会！有没有哪个人在自己的"错误理论"被你仔细点评一番后对你发出由衷的感叹："您让我看到了自己的不足，谢谢您的教导，您真伟大"？当然没有！实际情况是：没有人愿意受别人批评，正所谓"己所不欲，勿施于人"，批评别人并非行之有效的交流方式。我们都希望自己的观点得到尊重和理解，自己的心声受到关注和倾听，因此那些善于倾听的人最受别人敬重和爱戴；相反，那些以师长自居，总爱纠正别人错误的人则常常遭到反对。

当然，这并不是说坚持原则于处世之道不宜，有时你必须坚持真理，虽然会招致反对，但委屈只是暂时的，时间会放大你的人格魅力，人们终会理解并由衷地敬重你，因为真理在理智的天平上最具分量。至于那些气量狭小之人，你根本就无须为他们而烦恼——顽愚的人不值得成为你的朋友。在此要强调的是：要注重交流意见的方法与技巧，你就要学会有效地交流，正确表达你的思想，在不同的观念中做到左右逢源、游刃有余。

你要使自己受欢迎，给人以和蔼可亲的印象，就得运用一种有效而"得民心"的策略——让你有允许别人是正确的心态，也就是充分肯定别人的成绩，大方而真诚地赋予荣誉；对其缺点不可吹毛求疵，应以鼓励的方式激励其改正，总之你要有宽容的胸怀、信任的胆识。从现在起，当有人说，"我认为……的确很重要"时，你欣然默许就行了。如此，不再有人会对你不满，你将变得可爱起来，人们将感激你对他们的支持，你也将获得更多人的友谊。于是你很快就能和大家融为一体，你将有机会分享他人的快乐，你会发现这实在是比为固执己见而孤军奋战有趣得多。并且，为此你无须放弃自己的原则和思想，你只是不再否认别人的见解而已，因为你学会了与你的伙伴们求同存异的生活艺术——祝贺你！

在竞争激烈的今天，不吝啬自己的掌声，肯定别人、欣赏别人的价值尤为重要。作为一个个体，你对别人的肯定和欣赏换来的是别人的信任与尊重，他们都会成为你将来的支持者。

把功劳让给对你重要的人

杰森是一家杂志社的主编，由于能说会道，又才华横溢，他自然得到了同事和领导的喜爱。有一次，他所主编的杂志在评选中得了大奖。他感到非常高兴，逢人便提及此事，还不忘说自己为之付出了多大的努力，同事们也都向他表示祝贺。可是，一个月之后，他却感到自己的人际关系似乎有些紧张，以往那些常面带笑容的同事现在冷若冰霜，还有意无意地和他过不去，处处回避他。

反思了近来自己的行为，他才恍然大悟，原来自己犯了"独享荣耀"的错误。就事论事，这份杂志之所以能得奖，主编的贡献当然很大，但这也离不开其他人的努力，其他人也应该分享这份荣誉，而现在自己"独享荣耀"，当然会使其他的同事心里不舒服。

分享功劳或是把功劳让给对你最重要的人，这其实是一种妥协原理。 有时，我们明明知道自己付出的努力最多，得到这份荣耀当之无愧。 可是，人都有"推过揽功"的意识。比如说，5个人一起干成功一件事情，贡献虽然有大有小，但你若问其中每个人的功劳多大，差不多都以为自己对成功起到了一半的作用。 所以，人的本性是揽功的，需要推功来平衡。 正因如此，多数人在成功时都暗地里认为奖赏自己的少了。 如果你像杰森那样傻乎乎地独自抱着功劳不放，别人当然不会为他如此自私的做法感到舒服了。 杰森的经历告诫我们，在功成之后向大家表示感谢，让那些曾帮助过你、关注过你、与你合作过的人分享你的喜悦，分享你的荣耀，不仅丝毫无损你的荣耀和功绩，反而会令你的荣耀更显得理所当然，而且在潜移默化中形成的人格魅力更有助于你日后工作的开展。

有这样一则幽默故事：

一只花猫逮住了一只老鼠，把玩了一阵，却把它给放了。黑狗不解地问："为什么要放掉你好不容易抓住的美味呢？"花猫说："你不知道，我是和上司一起被派到这里抓老鼠的。现在上司连一根老鼠毛都没捞到，我怎么能抢它的风头呢？所以，我把它放掉，让上司来抓它！"

多聪明的一只猫啊！ 它明白身为下属，必要时应该为上司做出一些"牺牲"，是一种值得的投资。 花猫虽然没有捉住老鼠，却可能得到比一只老鼠更大的实惠，那就是上司的器重和提拔。 你呢？ 不与上司争功，你也会得到一些更实惠的东西——加薪、提职、器重；不与对你重要的人争功，他也会念着你的好，早晚给予你回报的。

在这个世界上，凡是成功的牛人，大都懂得与别人分享成功。 在他还没有成功的时候，懂得与人一起分享利益，所以朋友帮助了他。 当他成功以后，又懂得推功揽过，认为都是大家的功劳，失误自己承担。 只有这样的人，才能让亲人、朋友聚集在他身边，只有这样的人才会成功！

把功让给对你重要的人是一种素质，是一种魅力，更是一种策略，可凝聚人心，此法在人际心理学中也具有不可忽视的作用。

不要让嫉妒阻碍你的交际

嫉妒集中表现为心理上的恶性循环。在一定的环境中，某些人在一些方面如才学、收入、穿戴、成就、人缘关系等高于自己时，立即产生一种由羡慕转为恼怒甚至忌恨的情绪，并试图以种种方式中伤、诋毁他人，以维持心理平衡。在攻击方式上，依据个人的心理素质和道德修养程度而定，多以暗中较量、曲折迂回的不公开方式出现。

嫉妒使人们对同事在工作中的成绩和贡献采取贬低、冷落，甚至恶意中伤的态度；对兄弟姐妹受到长辈的宠爱感到不满和愤恨；若是自己容貌欠佳、身材不理想，则会对天生丽质者产生无名的嫉妒之火。嫉妒还使人们对恋人或配偶以前的生活经历特别敏感，刨根究底，并对他们的行为及社交圈采取严密的防范措施，这是一种在极端占有欲的情感支配下的行为方式。有嫉妒心理的人总是企图压倒别人、操纵别人甚至占有他人的感情。然而往往由于自己勇气不足、优柔寡断、能力低下、手段恶劣而事与愿违。于是嫉妒者不得不经常挣扎在不良心境的痛苦漩涡之中。

防止嫉妒心理的产生，首先，要认识嫉妒对身心健康造成的危害，心胸要开阔，以诚挚友善、豁达大度的态度与他人相处。其次，要知己知彼、正确评价，明了双方长短，学会驾驭感情的激流。另外，还要克服自己性格上的弱点。一般来说，虚荣心强、好出风头的人容易产生嫉妒心理；狭隘自私、敏感多疑的人也易产生嫉妒心理；软弱、依赖、偏激、傲慢等性格上的弱点，同样是诱发嫉妒心理的温床。最后，要善于化嫉妒为积极进取的动力，奋起直追、不断充实自己，使潜能和特长得到充分发挥。

至于被嫉妒者，则不能持与嫉妒者对着干的心理，以牙还牙。对于来自嫉妒者的刺激，应处以冷静态度，有则改之，无则加勉，不受干扰，坚持走自己的路，勇往直前。比如，有一位业余作者，文字运用能力很强，别人三天的工作，他一天就干完了。因此，他常利用业余时间写稿，一年稿费收入达万元。一些嫉妒之人议论纷纷，甚至向领导进谗言。而他抱定自己利用业余时间创造出精神财富是高尚之举，依然故我。于是嫉妒者不仅诽谤，还在他办公室贴了小字报："不务正业，给报纸写文章，一年成为万元户……"这位作者看后用红笔批示："已阅。一年成为万元户是去年的价，今年已成倍地增长了。"这招真灵，非议之言随即销声匿迹了。

如何克服猜疑

猜疑是人性的弱点之一，历来是害人害己的祸根，是卑鄙灵魂的伙伴。一个人一旦掉进猜疑的陷阱，必定处处神经过敏，事事捕风捉影，对他人失去信任，对自己也同样心生疑窦，损害正常的人际关系，影响个人的身心健康。有猜忌心理的人，往往爱用不信任的眼光去审视对方和看待外界事物，每每看到别人议论什么，就认为人家是在讲自己的坏话。猜忌成癖的人，往往捕风捉影，节外生枝，说三道四，挑起事端，其结果只能是自寻烦恼，害人害己。

导致猜疑的原因主要与个人的一些特点有关：

（1）有些人在某方面自认为不如别人，但自尊心过强，因而总以为别人在议论自己、算计自己、看不起自己，越想越认为是真的，于是陷入猜疑怪圈而无力自拔。

（2）还有些人以往比较轻信别人，并视之为知己，告诉许多个人的秘密，但却遭到他的欺骗，从而蒙受了巨大的挫折和失败，甚至导致很强的防御心理，不愿再信任他人，遇到什么事情都要怀疑再三。

　　猜疑似一条无形的绳索，会捆绑我们的思路，使我们远离朋友。如果猜疑心过重的话，那么就会因一些可能根本没有或不会发生的事而忧愁烦恼、郁郁寡欢；猜疑者常常嫉妒心重，比较狭隘，因而不能更好地与周围的人交流，其结果可能是无法结交到朋友，变得孤独寂寞，对身心健康都有危害，因此需要加以改变。

　　克服猜疑心理的方法如下：

1. 理性思考，不无端猜疑

　　当发现自己生疑时，不要朝着有利于猜疑的方向思考，而应问自己：为什么我要这样想？理由何在？如果怀疑是错误的，还有哪几种可能发生的情况？在做出决定前，多问几个为什么是有利于冷静思索的。

2. 发现自己的优点，增强自信心

　　每个人都不是十全十美的，都有自己的优点和不足。不要只看到缺点而灰心丧气，更重要的是发现自己的优势，培养自信心和自爱心，相信自己有能力，会给他人一个良好印象的。

3. 增强对自我的调节能力

　　一个人在人生旅程中，难免不会遭到别人的议论和流言。如果猜疑别人对自己的看法，不必放在心上，但丁有一句名言："走自己的路，让别人说去吧。"要善于调整自己

的心情，不要在意他人的议论，该怎样做还是怎样做，这样不仅解脱了自己，而且产生的怀疑也就烟消云散了。

4.加强交流，解除疑惑

有些猜疑来源于相互的误解，如果是这种情况的话，就应该通过适当的方式，两人坐下来交流。通过谈心，不仅可以使各自的想法为对方了解，消除误会，而且还避免了因误解而产生的冲突。总之，我们必须做到实事求是，理性思考，才能从猜疑枷锁中解脱出来。

善于检讨自己，而不是追究别人的错误

不论你用什么方式指责别人，如用一个眼神，一种说话的声调，一个手势等，或者你告诉他错了，你以为他会同意你吗？ 绝不会！ 因为你直接打击了他的智慧、判断力、荣耀和自尊心，这反而会使他想着反击你，绝不会使他改变主意。 即使你搬出所有柏拉图或康德的逻辑，也改变不了他的己见，因为你伤了他的感情。

因此，永远不要这样开场："好，我证明给你看。"这句话大错特错，这等于是说："我比你更聪明。 我要告诉你一些事，使你改变看法。"那是一种挑战。 那样会挑起战端，在你尚未开始之前，对方已经准备迎战了。

即使在最温和的情况下，要改变别人的主意都不容易。为什么要采取更激烈的方式使它更不容易呢？

为什么要使你自己的困难更加增多呢？ 如果你要证明什么，不要让任何人看出来。 这就需要运用技巧，使对方察觉不出来。

"必须用若无实有的方式教导别人，提醒他不知道的事情好像是他忘记的。"三百多年前意大利天文学家伽利略说，"你不可能教会一个人任何事情，你只能帮助他自己学会这件事情。"

正如英国 19 世纪政治家查士德·裴尔爵士对他的儿子所说的："如果可能的话，要比别人聪明，却不要告诉人家你比他聪明。"

苏格拉底在雅典一再地告诫门徒："我只知道一件事，就是我一无所知。"

我们不能奢望比苏格拉底更高明，因此我们不能告诉别人他们错了。应该慎重地看待别人的错误，这么做会大有收获。

如果有人说了一句你认为错误的话，你如果这么说不是更好吗："是这样的！我倒另有一种想法，但也许不对。我常常会弄错，如果我弄错了，我很愿意被纠正过来。我们来看看问题的所在吧。"

用这种句子"我也许不对。我常常会弄错，我们来看看问题的所在。"确实会得到神奇的效果。无论什么场合，没有人会反对你说："我也许不对。我们来看看问题的所在。"哈尔德·伦克是道奇汽车在蒙大拿州比林斯的代理商，他就运用了这个办法。

销售汽车这个行业压力很大。因此，哈尔德在处理顾客的抱怨时，常常冷酷无情，于是造成了冲突，使生意减少，还产生了种种不愉快。

当了解这种情形并没有好处后，他就尝试另一种方法。

他会这样说："我们确实犯了不少错误，真是不好意思。 关于你的车子，我们可能也有错，请你告诉我。"这个办法很能够使顾客解除防备，而等到他气消了之后，他通常就会更讲道理，事情就容易解决了。 很多顾客还因为伦克这种谅解的态度而向他致谢，其中两位还介绍他们的朋友来买新车子。 你承认自己也许会弄错，就绝不会惹上麻烦。 这样做，不但会避免所有的争执，而且可以使对方跟你一样的宽宏大度，承认他也可能弄错。

如果你想知道一些有关做人处世、控制自己、提高品格的理想建议，不妨看看《本杰明·富兰克林自传》。 在这本自传中，富兰克林叙述他如何克服好辩的坏习惯，使他成为美国历史上最能干、最和善、最圆滑的外交家。

有一天，当富兰克林还是个毛躁的年轻人时，一位教友会的老朋友把他叫到一旁，尖刻地训斥了他一顿："你真是无可救药。 你已经打击了每一位和你意见不同的人。 你的意见变得太珍贵了，使得没有人承受得起。 你的朋友发觉，如果你不在场，他们会自在得多。 你知道得太多了，没有人能再教你什么；没有人打算告诉你些什么，因为那样会吃力不讨好，又弄得不愉快。 因此你不可能再吸收新知识了，但你的旧知识又很有限。"

富兰克林接受了那次惨痛的教训。 当时，他已经够成熟、够明智，以致能领悟也能发觉他正面临社交失败的命运，他立即改掉傲慢、粗野的习性。

"我立下了一条规矩，"富兰克林说，"绝不正面反对别人的意见，也不准自己太武断。 我甚至不准许自己在文字或语言上措辞太肯定。我不说'当然''无疑'等，而改用'我想''我假设'或'我想象'一件事该这样或那样，或者'目前在我看来是如此'。当别人陈述一件我不以为然的事时，我绝不立刻驳斥他，或立即指出他的错误。我会在回答的时候，表示在某些条件和情况下，他的意见没有错，但在目前这件事上，看来好像稍有不同，等等。我很快就领会到改变态度的收获，凡是我参与的谈话，气氛都融洽得多了。我以谦虚的态度来表达自己的意见，不但容易被接受，更减少了一些冲突；我发现自己有错时，也没有什么难堪的场面，而我碰巧是对的时候，更能使对方不固执己见而赞同我。

"我一开始采用这套方法时，确实觉得和我的本性相冲突，但久而久之就愈变愈容易，成为我的习惯了。也许五十年以来，没有人听我讲过些什么太武断的话。我在正直品性支持下的这个习惯，是我在提出新法案或修改旧条文时，能得到同胞重视，并且在成为民众协会的一员后，能具有相当影响力的重要原因。因为我并不善于辞令，更谈不上雄辩，遣词用字也很迟疑，还会说错话；但一般说来，我的意见还是得到了广泛的支持。"

富兰克林的话对我们是很有启示作用的。

诚信，人生的重要信条

　　20 世纪著名的心理学家马斯洛在研究大量著名人物的基础上，总结出有成就者的健康个性特征，其中第一条就是讲信用。 马斯洛还指出，一个人要走向成功或者培养健康个性有八条途径，其中就有两条与信用相关。 因此，要想成就一番事业，必须讲信用。 要想获得朋友，也必须讲信用。

　　在人与人的交往之中，诚信之天平无处不在，衡量着每一个人的人格。 讲究诚信的人，不仅会受到人们的欢迎和尊敬，而且事业也会一帆风顺；而不讲诚信者，必将遭到人们的唾弃，最终只能落得自悲自叹的下场。

　　游戏有游戏的规则，经商有经商的规矩，做人有做人的分寸，处世有处世的方圆，亘古不变。 如今，我们更需要诚信。 市场经济既是法治经济，也是诚信经济。 不讲诚信的人，要想在市场经济中立足，那只能是痴人说梦。

　　1835 年，美国的吉·皮·摩根先生成了一家名叫

"伊特纳火灾"的小保险公司的股东，因为这家公司不用马上拿出现金，只需要在股东名册上签上名字就可以成为股东。这符合摩根先生没有现金但却能够获益的设想。

不久，有一个在伊特纳火灾保险公司投保的客户发生了火灾。按照规定，如果完全付清赔偿金，保险公司就会破产。股东们一个个惊慌失措，纷纷要求退股。

摩根先生斟酌再三，认为自己的信誉比金钱更重要，他四处筹款并卖掉了自己的房子，低价收购了要求退股股东的股份。然后，他将赔偿金如数付给了投保的客户。这件事情过后，伊特纳保险公司成了信誉的代名词。

已经身无分文的摩根先生成了保险公司的所有者，但保险公司已经濒临破产。无奈之中他打出了广告，凡是再到伊特纳火灾保险公司投保的客户，保险金一律加倍收取。

不料客户却很快蜂拥而至。原来，在很多人心中，伊特纳公司是最讲信誉的保险公司，这一点使它比许多有名的大保险公司更受欢迎。伊特纳火灾保险公司从此崛起。

许多年之后，摩根先生的公司已成为华尔街的主宰。当年的摩根先生正是美国亿万富翁摩根家庭的创始人。

要想建立好声誉，获得别人的好感，你必须看重诺言的价值。讲究信誉，可能眼前会受到一定的损失，但长远来看，会赢得更多的东西。而一旦失信，你可能财富与人品皆失。受欢迎的人，常有许多共同的优点去待人处世，其中很显著的一点便是他们都诚实守信、遵规守约。

　　在交际场上，说出去的话就像泼出去的水一样，无法收回。 如果你总是对他人开空头支票，"这个行，那个没问题"，而不付诸实际行动的话，你将失去别人的信赖。

　　喜欢诈术的人，虽然能一时骗住别人，也能获得利益，但是，久而久之，一定会露出马脚，失去他人的信赖，最终可能不但很难获利，反而损失更大。 做事诚信也许短时间内不会受益，但是时间一久，他的诚意就会逐渐深入人心，赢得人们的信赖。

　　总而言之，不管社会如何发展，人都不能够离群索居，不可能不与他人打交道，不可能不交朋友，而这一切的前提就是守信用。 因此，我们每个人作为社会的最小个体存在，既然要求别人守信用，那么我们自己更要做到守信用，否则就不会获得朋友的信任、同事的支持……而一个不讲信用的人，绝不可能有好的人缘，也很难取得事业上的成功。

第三章

——

使别人快速接受你的 8 个方法

记住对方的名字

　　人际交往中，记住对方的名字是对他人最大的尊重。 如果你能够把只见过一次的人的名字记住，并在下次见面时准确地叫出，这对于对方来说不仅是一个惊喜，更是一种满足。 因为被人这样在乎、重视，他会很开心，对你也会产生好感和信任，从而更乐于与你交往。

　　虽然从某种程度上来说名字只是一个符号，但对于每一个人来说，名字是非常值得重视的东西。 不可否认，我们每天都会遇见很多张面孔，初见时热烈地寒暄，互递名片，亲切得如同老友，可是一转身，有的人再也想不起来对方的名字，下次见面时，就会出现尴尬的情形。 对一个连自己的名字都记不住的人，恐怕很少有人愿意与他交往，因为他根本就没有给予别人足够的重视。 相反，如果你能够用心记住别人的名字，就很容易赢得好感。 因为名字代表一个人的自我，也只有在受到尊重的时候，人们才会感到快乐。

　　对一个人来说，名字是非常重要的，记住了对方的名字，

就代表着你给予了对方足够的重视，如此，对方也很难拒绝想与你继续交往的诱惑。也正是基于这个心理原则，在现代管理中，不少公司都要求记住每个客户的名字。事实也证明，记住每一位客户的名字，常常会起到意想不到的效果。

泰国的东方饭店是一家已有一百多年历史的国际性大饭店。这么多年以来，这家饭店几乎天天客满，不提前一个月预定很难有入住的机会。一个饭店能经营到这种程度，自然有其特殊的经营秘诀。其秘诀就是饭店员工对每一位入住的客户都给以最细致入微的关怀和重视。

比如焦森先生入住了这家饭店，早上起床出门，就会有服务生迎上来："早上好，焦森先生！"不要感到惊讶，因为饭店规定，楼层服务生在头天晚上要背熟每个房间客人的名字，因此他们知道你的名字并不稀奇。当焦森先生下楼时电梯门一开，等候的服务生就会问："焦森先生，用早餐吗？"当焦森先生走进餐厅，服务生就问："焦森先生，要老座位吗？"饭店的电脑里记录上次焦森先生坐的座位。菜上来后，如果焦森先生问服务生问题，服务生每次都会退后一步才回答，以免口水喷到菜上。当焦森先生离开，甚至在若干年后，还会收到饭店寄来的信："亲爱的焦森先生，恭祝您生日快乐！您已经3年没来光顾我们的饭店了，我们全饭店的人都非常想念您。"如果你受到这样的重视和关注，想必你一定还会想再回那家饭店住上一段时间吧。这就是泰国东方饭店成功的秘诀所在，重视客户，永远记住客户的名字，才会紧紧抓住客户的心。名字是一个人在这个世界上独一无二的标志，很多时候，名字可以代表整个人，代表他的思想和情感。记住他人的名字，是对一个人重视和尊重的表现，会给人心理上带来最体贴的安慰。

记忆在过去时代被看作是不容忽视的力量。 西塞罗说："记忆是所有事物和宝藏的守护者。"爱斯奇勒斯说："记忆是智慧之母。"这些说法绝非夸大其词。 最好的例子是拿破仑与下属的关系。 拿破仑能叫出手下全部军官的名字，他喜欢在军营中走动，遇见某个军官时，就叫他的名字跟他打招呼，谈论这名军官参与过的某场战斗或军事调动。 他经常询问士兵的家乡、妻子和家庭情况。 他的做法让下属感到吃惊，他们的首领竟然对他们的情况知道得一清二楚。 这种做法，让每个军官对他忠心耿耿，甘愿效劳。

无独有偶，在美国总统的专业幕僚群中，有一位幕僚的工作内容就是专门替总统记住每一个人的名字，然后每当总统在遇见某人之前，这位负责的幕僚就会先一步告诉总统此人的姓名。 而那位被总统叫得出名字的人，也就会因总统竟然会记得他，而雀跃不已，进而更坚定对总统的支持。

因此，在交往中，记住别人的名字很容易让人对你产生好感。 记住对方的名字，而且很轻易就叫出来，等于给予别人一个巧妙而有效的赞美。 若是把人家的名字忘掉，或写错了，你就会处于一种非常不利的地位。

一个美国人有一次在巴黎开了一门公开演讲的课程，发出复印的信件给所有住在该地的美国人。 那些法国打字员显然不太熟悉英文，在打个别名字的时候出了错。 有一个人——巴黎一家大的美国银行的经理，写了一封不客气的信给这位老师，指出自己的名字被拼错了。

有时候要记住一个人的名字真是难，尤其当它不太好念时。 一般人都不愿意去记它，心想"算了！ 就叫他的小名好了，而且容易记"。

一位著名的推销员拜访了一个名字非常难念的顾客。 他叫尼古得·玛斯帕·帕都拉斯，别人都只叫他"尼克"。 这位推销员在拜访他之前，特别用心念了几遍他的名字。 当这位推销员用全名称呼他"早安，尼古得·玛斯帕·帕都拉斯先生"时，他呆住了。 过了几分钟，他都没有答话。 最后，眼泪滚下他的双颊，他说："先生，我在这个国家15年了，从没有一个人会试着用我真正的名字来称呼。"

人们都渴望被他人尊重，而记住别人的名字，则会给人受尊重的感觉。 记住每个人的名字，是尊重一个人的开始，也是创造自己个人魅力的第一步。 记忆姓名的能力，在事业上、交际上和政治上是同样重要的。

拿破仑的侄儿拿破仑三世曾经自夸自己虽然很忙，可是他能记住所见过的每一个人的名字。 他有什么高招吗？ 其实很简单，假如他没有听清楚，他就说："对不起，我没有听清楚。"如果是个不常见到的名字，他就这么问："对不起，请告诉我这名字如何拼？"在与别人谈话中，他会不厌其烦地把对方姓名反复地记忆数次，同时在他脑海中把这人的姓名和他的脸孔、神态、外形连贯起来。 如果这人对他是重要的，那就更费事了。 在他独自一人时，他会把这人的姓名写在纸上，仔细地看着、记住，然后把纸撕了。这样一来，他眼睛看到的印象，就跟他听到的一样了。

二战期间美国民主党全国委员会主席、邮务总长吉姆是一位传奇人物。他小时候家里很穷，10岁就辍学去一家砖厂工作，他把沙土倒入模子里，压成砖瓦，再拿到太阳下晒干。吉姆没有机会接受更多的教育，可是他有爱尔兰人达观的性格，使人们自然地喜欢他，愿意跟他接近。在成长过程中，吉姆逐渐养成了一种善于记忆人们名字的特殊才能，这对他后来从政起到了重要的作用。

罗斯福开始竞选总统前的几个月中，吉姆一天要写数百封信，分发给美国西部、西北部各州的熟人、朋友。而后，他乘上火车，在19天的旅途中，走遍美国20个州，行程万里。他除了火车外，还用其他交通工具，像轻便马车、汽车、轮船等。吉姆每到一个城镇，都去找熟人进行一次极诚恳的谈话，接着再开始一段行程。当他回到东部时，立即给在各城镇的朋友每人一封信，请他们把曾经谈过话的客人名单寄来给他。那些不计其数的名单上的人，他们都得到吉姆亲密而极礼貌的复函。

吉姆早就发现，一般人对自己的姓名感兴趣。把一个人的姓名记住，很自然地叫出来，你便对他含有很微妙的恭维、赞赏的意味。若反过来讲，把那人的名字忘记，或是叫错，不仅使对方难堪，而且对自己也是一种很大的损失，像罗斯福这样的大忙人，都还不忘花时间去记一些与他们来往的市井小民的名字。就连一个工匠，他都肯花时间将之牢记在心，以求让对方感觉到自己的友善和尊重。善于记住对方的姓名是一种礼貌，也是一种感情投资，在人际交往中会起到意想不到的效果，美国一家电器公司的董事长请公司的代理商和经销商吃饭，他私下让秘书按座位把每位来宾的名字依次记下。这样董事长在饭桌上与每位老板交谈时都能随口叫出他们的名字，这使得每个人都惊讶不已，生意也顺利地谈成了。

世界上天生就能记住别人名字的人并不多见，大多数人能做到这一点全靠有意培养形成的好习惯。而一旦养成了这个好习惯，它就能使一个人在人际关系和社会活动中占有很多优势，因为对每个人来说，自己的名字是世界上听起来最亲切和最重要的声音。它不但是获得友谊、达成交易、得到新的合作伙伴的通行证，而且能立即产生其他理解所达不到的效果。

距离适度，关系和谐

距离产生美。适度的距离是一种美。和谐的人际关系，需要双方保持适度的距离，为彼此留下一点心理空间。生活和工作中，就算是最好的朋友，都应该有自己的心理空间。如果没有一个安全的自我空间，任何人都会感到无形的压力与恐惧。

人与人之间的误会、争执、利害冲突不是人们的疏远而造成的，恰恰相反，是因为太亲密造成的。驾驶员朋友都知道，要避免撞车，就要注意车距。同样，在人际关系中，与他人保持适当距离是避免发生冲突的手段之一。

在这个世界上和我们关系最近的人，也常常会和我们发生矛盾与冲突。有这样一则寓言：

村里住着一个农夫，他的名字叫"自己"。"自己"有个邻居，他的名字叫"别人"。"自己"矮小，"别人"高大；"自己"贫穷，"别人"富有。

这两个邻居一直关系紧张。"自己"有事的时候，总喜欢去找"别人"。"别人"不好意思拒绝，只得帮他。忙是帮了，但"别人"并不心甘情愿。他为什么老喜欢给我添麻烦？久而久之，"别人"心里的怨气就表现出来了。

当"自己"求助的时候，"别人"不是推脱就是应付，偶尔帮一次忙，最后却总是事与愿违，他给"自己"帮了倒忙。

与此相反，"别人"对"自己"不想让他插手的事情倒是非常热心，简直达到了乐此不疲的程度。"自己"想穿什么颜色的衣服、想种什么庄稼、想讨什么样的老婆、想盖多大面积的房子，"别人"都喜欢指手画脚，乐此不疲。不仅如此，"别人"还喜欢在村子里发布对"自己"的看法。"自己"有针尖大的小事，都会让"别人"搞得满城风雨。

开始"自己"还能忍受，但是时间一长，他就忍无可忍了。他决定去法院起诉，让法官给他们断这场官司。"自己"指控"别人"干涉他的私事，"别人"指控"自己"给"别人"增添麻烦。二人各执一词，争执不下。

听了原告、被告双方的详细陈述后，法官作了如下判决：把"自己"和"别人"各打五十大板。判决书上还有如下条文：从此以后，"自己"的事情自己办，绝对不能要求"别人"；"别人"对"自己"的生活，该关心的一定要关心，不该关心的绝对不要关心，更不能横加干涉。从此以后，"自己"和"别人"相安无事。

故事中"自己"和"别人"发生冲突的原因，是双方没有把握好彼此之间的距离。　生活中是这样，工作中也是这样。　工作中，同事最初在一起，都能够融洽相处，但因为彼此来自不同的环境，受不同的教育，因此人生观再怎么接近，也不可能完全相同，便无可避免地要碰触彼此的差异。于是他们会从尊重对方，开始变成容忍对方，到最后成为要求对方！　当要求不能如愿，便开始背后挑刺、批评，然后结束友谊。　所以，人与人之间的相处，彼此需要保持一定的距离。　有时太过亲近，不小心失了分寸，口无遮拦，就会造成彼此的紧张和伤害。　朋友、同事、同学相处，与其太接近而彼此伤害，不如保持距离，以免碰撞！

利用六度分离效应

你有没有过这样的经历。偶尔碰到一个陌生人，同他聊了一会儿后发现你认识的某个人居然他也认识，然后一起发出"这个世界真小"的感叹。那么对于世界上任意两个人来说，借助第三者、第四者这样的间接关系来建立起他们两人的联系，平均来说要通过多少人呢？1967年，哈佛大学的心理学教授 Stanley Milgram 通过一次连锁性试验，创立了一个著名的社交理论——六度分离效应。简单地说就是，"你和任何一个陌生人之间所间隔的人不会超过六个，也就是说，最多通过六个人你就能够认识任何一个陌生人。"按照六度分离效应，每个个体的社交圈不断放大，最后就可以成为一个大型的关系网络，这就是整个社会。也可以说，整个世界都是你关系网络的附属品。

为了更深入地研究素昧平生的人如何能够建立起联系，美国哥伦比亚大学的邓肯·沃茨等人曾发起名为"小小世界"的研究计划，在13个国家随机挑选了警察、兽医和档案员等 18 名收件人，并在全球范围内招募大量志愿者。 这些志愿者的任务是通过自己的朋友或熟人转发电子邮件，将信息传递给其中一名目标收件人，但不允许查到收件人的电子邮件地址直接给这个人发信。 结果，除了一些参与者丧失了兴趣，导致一些链条没能一直传递下去外，那些成功建立联系的志愿者，平均只要通过 5 个到 7 个步骤就可以将信息转给任何一位目标。 当然，这个实验中因特网只是手段，社会关系网才是目标。 六度分离效应说明了这个社会中普遍存在着一些"弱链接"，这些"弱链接"虽然在平时很难看见，也很难感觉到，但是在人际关系中却可以发挥出非常强大的作用。 你可以通过你的朋友，以及朋友的朋友，转而认识到一些来自世界各地、各行各业的陌生人，从而拓展你的人际关系网络。 比如当你遇到一个想结识的陌生人时，不妨先和他天南海北地聊上一通，也许很快你就会发现，他的一个朋友和你的一个朋友，竟然彼此非常要好。 有了这一层联系，你们之间要建立关系就容易多了。

　　约翰是一家著名制药公司的资深销售副总裁，一个业务员第一次去拜访他的时候，两个人在办公室里愉快地开始了谈话。约翰告诉这名业务员，他的女儿住在南卡罗莱纳州的查尔斯顿。这个业务员总是留意与对方建立联系的机会，于是便说，他的侄女在斯布鲁克工作，那是一个离查尔斯顿不远的一个岛屿。约翰便问："是吗？我的女儿是在基阿瓦工作。"那是一个和斯布鲁克相邻的一个岛屿。于是业务员继续说道："我侄女在斯布鲁克的一家高尔夫球商店工作。"

约翰接着问："她叫什么名字?"业务员告诉了他，之后约翰说："她是我女儿的好朋友。"在这之前，业务员从来没有见过约翰，但是通过他女儿和自己侄女之间的关系，在转瞬之间，两个人就建立了联系。后来，约翰成为这名业务员最大的客户之一。不管你是否相信，这个世界确实很小，通过一个个"节点"或"连接点"，你很容易就可以和一个陌生人建立起联系。要拓展你的关系网，不能不利用这一点。

在和一个陌生人接触时，你应该尽量了解他的信息，并随时为建立关系保持警觉。只要你一直都在寻找建立联系的机会，那么这种机会就有很大的可能被你找到。因为它们存在于你知道的所有事情中，在你生活的世界中，在和你有商务往来的客户中，还有在你的客户所知道的所有人和所有的事情中。任何时候，你与他人建立了某种联系，比如你们发现了有共同的朋友、同事或者熟人，那么你们的关系就很容易发展了。

让对方保持他的面子

数年前，美国奇异电气公司遭遇到一桩很不容易应付的事，就是他们打算撤去斯坦米滋的部长职位。对于电学方面的学识，斯坦米滋可以算得上是位一等的人才。可是，他担任了会计部的部长，却等于废物。由于斯坦米滋是电学方面不可多得的人才，而且又很敏感，使公司不敢得罪他。所以，公司特别给他一个新头衔，请他担任奇异公司顾问工程师，而另派他人，担任那一部的部长职位。

斯坦米滋很高兴！

奇异公司的主管人员，也很满意。由于他们在平和的气氛中，调动了一位有怪癖的高级职员——而他们之间，并没有发生任何不愉快的事，因为他们顾全了斯坦米滋的面子。

顾全到一个人的面子，那是多么重要！ 可是我们之间，很少有人想到过。 我们蹂躏别人的感情，不留一丝的余地，找别人的错处，或者加以恐吓！ 当着别人的面，批评他的孩子，或是他所雇用的佣工，毫不顾虑到别人的自尊！

其实，我们只需要花一分钟的时间想一想，再说一两句体恤的话，谅解到对方的观点，就可以解除很多刺痛。

下次如果我们需要辞退佣人或是雇员时，应当记住怎样做。

现在引述会计师格雷琪的一封信：

辞退雇员，不是一件有趣的事。被辞退的人，当然更不觉有趣可言了。我负责的业务，都是有季节性的，所以每年的三月，我都需要辞退一批雇员。

在我们这一行业中，有一句俗话——"没有人愿意掌管斧头"。结果，就形成一种习惯，愈迅速解决愈好。在我解聘一位雇员时，总是这样的说："请坐，现在季节已过，我们似乎已没有什么工作给你做了。当然，我相信你事前也知道，我们只是在忙不过来的时候，才请你们来帮忙。"

我所讲的这些话，对这些人的影响，是一种失望，一种被人辞退的感觉。他们当中多数是终身在会计行业中讨生活的。他们对这些草率辞退他们的机构，并不显得特别的喜爱。

最近，当我要辞退那些额外雇员时，就稍微用上一点手腕，我把每人在这一季中的工作成绩细看过后，才召见他们。我跟他们的谈话是这样的：

"某某先生，你这一季的工作成绩很好。前次，我派你到组瓦克城办的那件事，的确很难，但是你却办得有声有色，公司有你这样的人才，实在幸运。你很能干，你的前途远大，无论到什么地方都会有人欢迎你的。公司很相信你，很感激你，希望你有空常来玩！"

　　结果如何呢？这些被辞退的人，心情似乎舒服多了，他们不再觉得是受了委屈。他们知道以后如果这里再有工作时，还会请他们来的。当我们第二季又请他们来时，他们对我们这家公司，更加有亲切的感觉。

　　已故的马洛先生，有一种奇妙的才能，他专门劝解两个水火不兼容的生死仇家，他是如何做的呢？　他很仔细地找出双方都有理的事实，对于这一点他加以赞许，直到双方满意为止。　并且不论最后如何解决，他绝不说任何一方有错。

　　每个仲裁者都懂得保全他们的面子。

多在背后夸别人

在背后称赞别人的优点能起到事半功倍的作用。当你希望与某个人建立友好的关系时，不妨多在背后赞美他。

当你在背后赞美别人的优点时，如果被赞美者听到你的赞美，他会觉得你是发自内心地赞美，而不是因为有什么目的。他会自然地对你产生好感，即使你们以前有什么过节，也会因此烟消云散。所以说赞美的力量是很强大的。知道了这个道理，在和别人产生了矛盾时，仍不妨在背后赞美他的优点吧。

麦瑞丽和芮恩在同一家公司工作，两个人平时关系比较好。后来因为一件小事产生了误会，两个人很长时间都不说话。彼此感觉都非常尴尬，但因为自尊心作祟，谁也不愿意先开口讲和。

一天，麦瑞丽看到一篇关于在背后说人好话的文章，于是灵机一动。她在与办公室其他同事闲聊的时候，趁芮恩不在，就对别的同事说了几句芮恩的好话："其实芮恩这人挺不错的。为人正直、热情，有好几次她都对我伸出援手。如果没有她，我现在的工作也不会这么顺心，我在内心还是很感激她的。"

这几句话很快就传到芮恩的耳朵里了。听到这些话，芮恩心里不由得生出一丝愧疚，于是找了个合适的机会，主动和麦瑞丽握手言和了。

当面赞美和背后赞美有很大的区别，背后赞美不仅能让对方觉得开心，还能体现出真诚坦率。如果有一天别人告诉你：某某在背后说了你很多好话，赞美了你很多优点，你一定会觉得很开心，而且对赞美你的人会好感倍增。如果某某当面赞美你，虽然效果也很好，但肯定不如背后赞美更让你感动。

俾斯麦是德国的铁血宰相。他有一个下属一直不喜欢他的政治作风，所以对他充满敌意。俾斯麦为了争取这个下属，就经常在其他人面前赞美和夸奖他。他的赞美最终传到了这个下属的耳朵里。从此以后，下属对俾斯麦的态度明显好了很多，最后两个人还成为关系很好的政治盟友。

在背后赞美别人的优点是一种很巧妙的驭人术，会让人觉得真实、可信。如果传话的人能够夸大其词，则效果会更好。

爱丽丝·肯特太太聘请了一位女佣为自己服务。她不太了解这位女佣的情况，于是打电话向女佣的前任雇主询问。没想到，女佣的前任雇主在电话里说了很多女佣的缺点。

女佣第一天上班的时候，爱丽丝说："我打电话向你的前任雇主询问了有关你的一些表现。她告诉我说，你为人老实可靠，而且厨艺了得。唯一的缺点就是对整理家务不太熟练，总是把屋子搞得很脏乱。我想她的话未必可以全信，你穿着如此整洁，一定是个爱干净的人。所以，我相信你可以把屋子收拾得一尘不染，就像你的人一样。并且，我相信我们一定可以相处得十分融洽。"

女佣听了爱丽丝太太的话，内心非常感动。在以后的工作中，她尽心尽力将屋子收拾得干净又整齐，每天如此。此外，她还和爱丽丝太太相处得很好。

如果想让事情有所好转，就不要选择当众触怒别人。当面的批评和指责，不但不能解决问题，甚至会让当事人产生更大的不满和抵触情绪。试试用赞美的方式来激励他吧，赞美诗是所有声音中最好听的一种。

在日常生活中，我们不但可以用在背后赞美别人的方法来改变某人对我们的看法，还可以用它来改变一件事情对我们的影响。

在背后赞美别人，往往能起到事半功倍的效果。但是，并不是在背后说别人的好话都是好的，还要看具体情况。如果不分场合、不分情况地随意赞美人，也会带来不好的影响。我们应该掌握好赞美他人的技巧，赞美他人时要看准时机。

善于发现别人的闪光点

　　大多数人在日常生活中都听惯了别人对他显而易见的优点的赞美，久而久之就没有新鲜感了。 如果你能够独具慧眼，在赞美别人的时候，抓住他身上容易被忽视的闪光点，并加以赞美，一定能收到奇效。

　　通常善于赞美别人的人，往往都很会说话，他们能够找出别人身上不易被别人重复赞美的优点，对之加以赞美，不知不觉中给人戴上一顶高帽子，让被赞美的人很开心。 赞美别人，不管是对别人还是对自己，都是一件有益无害的事情，但是能够准确地赞美并不是一件简单的事情。 人们往往习惯赞美他人身上普通的、最易被人发现的优点，但是那些优点往往已经被很多人赞美过，听得多了，被赞美的人可能已经不放在心上了。

　　如果一个人事业成功，你赞美他有能力、有才华，这些赞美之词肯定很多人都跟他说过，即使你再怎么费力称赞，他也不会有什么特别的感觉。 但是如果你发现他对厨艺非常感兴趣，赞美他说："你的厨艺可真棒啊。"他听后肯定觉得很高兴，而且会觉得你眼光独特。从这里可以看出，赞美时应善于发现对方的闪光点。

萝丝是一家上市公司的业务部总监。众所周知，公司的正常运转和盈利状况，与业务部门的销售业绩是息息相关的。

有一次，业务部门与澳大利亚一家大公司进行接洽，双方正在谈一笔上亿元的大单子。萝丝心想，如果这个单子能够顺利拿下，那么这个月的销售额就可以超额完成了。谈判的过程非常艰辛，对方的负责人杰森总监要求很严格，好像在故意刁难人一般。这让萝丝这边负责谈判的人很难办，谈判陷入了僵局。

萝丝作为总监，压力很大，她不得不亲自出马了。

一天晚上，萝丝和公司的老板一同邀请杰森总监参加一个晚宴。席间，彼此交谈很投缘，并没有谁主动提到那个单子。宴会结束以后，饭店经理拿来一个很大的签名簿和一枝软笔，请大家留言题字，给饭店提供宝贵意见。杰森总监大笔一挥，留下几行大字，如行云流水般飘逸，周围的人不约而同鼓起掌来。萝丝抓住时机开口说："没想到杰森总监能写出如此飘逸的书法，真是让人眼前一亮。不知道您是拜在哪位书法名家的门下学习的？"杰森总监表面上不动声色，但内心已是十分兴奋。"我哪里有拜书法名家学习呀，就是自己对此感兴趣，工作之余经常练习罢了。以此为乐，不知不觉竟坚持了十多年，萝丝女士过奖了！"大家在欢乐的氛围中各自离开了酒店。

第二天，萝丝就接到杰森总监的电话，很是客气地告诉她这个单子他们做，其他的要求就不提了。也许在其他人看来，对方负责人能写一手好书法，没什么值得大加赞美的，但萝丝却能抓住对方的这个"闪光点"，适时而有度地进行赞美，并因此向对方表示了特别的肯定与敬佩，从而满足了对方那么一点虚荣心，也使对方心里异常高兴，单子的谈成自然是水到渠成的事了。

如果想成为一个会说话的人，就必须明白，赞美对方身上不显眼的优点，比赞美他身上显眼的优点效果更好。因为，他身上显眼的优点一定被很多人赞美过，如果听到过多的人赞美这个优点，他不但可能不开心，甚至还会觉得厌烦。而他身上那些不显眼的优点，可能连他自己也不曾注意过，当然别人也很少发现。如果你发现并给予赞美，他不但知道了自己新的优点，还会觉得你态度真诚，是个善于发现的人，从而对你好感倍增。

当然，能够抓住别人的闪光点进行赞美，并不是一件简单的事情，也是要讲究技巧的。

弗里德·凯利是世界著名的记者，他曾经对洛克菲勒和卡内基两人乐于接受的恭维作过如此描述：

"对石油大王洛克菲勒来说，如果有人称赞他善于打理琐碎的家庭经济，他一定会非常高兴。而且，他还很喜欢别人称赞他对教会充满热心。"

"对钢铁大王卡内基来说，你只要恭维他，说他的演讲非常有震撼力，他的演说充满价值、很动听，那么他就很乐意回答你那些平日里他不愿意回答的问题了。"

这些就是洛克菲勒和卡内基个人所关心的独特的虚荣。如果有人当面称赞他们在商业上的出色才能，他们反而会觉得流于俗套，当然会不屑一顾。

实际上，世界上没有一个人在面对别人的赞美时能够毫不动心，只是有些人会赞美，有些人不会赞美罢了。高帽子每个人都喜欢戴，最重要的是赞美别人的时候，能否说到点子上。

会说话的眼睛，开启社交之门

眼睛是心灵的窗口，拥有会说话的眼睛，就相当于拥有了塑造良好形象的工具。眼睛不仅可以表达内心的思想，而且还可以传递语言所不能表达的心声，帮你开启社交的大门。

在一个寒冷的冬天，一位老人站在一个收费站旁边等着搭车。

当时天气很冷，老人在寒风中瑟瑟发抖。这条路上的车不少，但老人并没有急着拦下过往的车辆，而是仔细地观察驾驶汽车的人。等了一段时间，又一个女士开车过来了，他等着女士交费完毕，凑过去说："我可以搭你的车回市里吗？"

这位女士看到老人可怜的样子，不假思索地说："当然可以，请上车吧！"

老人上车后，开始和女士聊天。

女士说："我注意到前面有很多车辆通过，你没有让他们停车，但是当我来到你的面前时，你立刻要搭我的车，你为什么不求他们却求我呢？"

这位老人平静地回答道："与人交往要看人的眼睛。前面的人，他们的眼神当中没有友善，所以我知道，要求搭他们的车是不可能的。可是我一看到你的眼神，就感觉到了爱与真诚，我知道你会让我坐你的车的。"

开车的女士谦虚地说："我非常感谢你，你让我明白了眼睛的重要性。"

10年后，女士成了有名的企业家。当记者采访她时，她讲述了这段经历。她说："社交重在与人交往，而眼睛是人心灵的窗口。通过观察他人的眼睛，能让人明白他人的所思所想，通过我自己的眼睛，我也向对方传达了自己的真实感情。这一段不起眼的经历，指引着我通往成功的道路。"

从上例可以看出，人的眼睛最能表达人内心的思想感情，我们既可以通过眼睛传达信息，也可以从对方的眼睛中观察到他内心的活动变化。

在与人交往的过程中，轻蔑、敌视、冷漠、左顾右盼的目光都是应该避免的，这样会让人感到不舒服，会对社交产生阻碍作用。如果能运用好友善、期待的眼神，还可以避免灾祸的发生。

眼睛具有倾诉感情、沟通心灵的作用，学会运用眼睛的力量，将会为社交增色不少。正如印度诗人泰戈尔所说：

"一旦学会了眼睛的语言，表情的变化将是无穷无尽的。"

眼睛可以通过视线接触来传递信息，我们应重视眼睛对行为所产生的重大影响。那么，在社交过程中如何发挥眼睛的作用呢？

1. 运用视觉角度创造最好的交际氛围

在与人交往时，宜采取直视、凝视、平视、正视等方式。注视对方的时间长度应是谈话时间的一半，不能长时间注视，否则就会给人侵犯对方的感觉。应最大限度地运用眼睛的表现力，创造一个最佳交际空间。

2. 运用视线方向把握交谈的主动权

眼睛注视对方的部位很有讲究，可以显示我们与对方关系的亲疏。在商务、生意以及谈判场合，眼睛要看着对方脸上的三角部位，即双眼和前额的中心位置。这样会显出严肃认真的态度，也会给人有诚意的感觉，从而能把握谈话的主动权和控制权。

3. 运用眼神达到沟通的目的

在与他人的交往过程中，眼神主要用来表示对对方的亲切、友好与关注。当人们想要表达不宜用语言表达，或无法用语言表达的某些信息时，往往更多地、自觉或不自觉地使用眼神来表达，也就是用眼睛"说话"，使对方领会，达到沟通的目的。

学会以理服人

常言讲得好："有理能服人，强辩无意义。"在交际中，我们应学会以理服人的方法，面对尴尬、紧张局面，能以理服人者更容易从容应对社交场上的难题，从而使社交更轻松成功。

有一则关于风和太阳的寓言：

风和太阳争执谁的力量大，风说道："我能证明我的力量大，看，地下正走着一个身披大衣的老者，我能比你更快地使他将大衣脱掉。"

于是，太阳躲到了乌云里面，风使出它的威力使劲吹，但是风吹得越大，那位老者越用手拉紧他的大衣。

最终，风筋疲力尽了，太阳从云彩中走出来，开始对那位老者和气地微笑。不久，那位老者便用手揩他前额的汗并将大衣脱去。于是太阳对风说："仁慈和友善永远比愤怒和暴力更为有力。"

这则寓言告诉我们，有理有据胜于争强好辩。倘若你在愤怒之下，对别人发一阵脾气，你的气也许会慢慢消失，心中也会慢慢高兴起来。但是别人呢？当你高兴时他能够分享到一点快乐吗？你那挑战的口气、敌意的态度，会使他容易赞同你的意见吗？

美国前总统威尔逊说过："假如你握紧两只拳头来找我，我想我可以告诉你，我会把拳头握得更紧；但假如你找我来，说道：'让我们坐下商谈一番，假如我们之间的意见有不同之处，看看原因何在，主要的症结在什么地方？'我们会觉得彼此的意见相去不是十分远。我们的意见不同之处少，相同之处多，并且只需彼此有耐性、诚意和愿望去接近，我们相处并不是十分难的。"

有一位工程师嫌房租高，要求降一些，但是他又明白房东是一个十分顽固的人。于是，他说："我在写给房东的一封信上说，等房子合同期满我就不继续住了，但实际上我并不想搬家，如果房租能降低一点我就继续租下去。但恐怕十分难，别的住户也曾经交涉过都没有成功。许多人对我说房东是一位不好对付的人。可是我自己在心中说：'我正在学习如何待人这一课，所以我将要在他身上尝试一下，看看有没有效果。'

"结果，房东接到我的信后，便带着他的租赁契约来找我，我在家热情地招待他。一开始并不说房租太贵，我先说如何喜欢他的房子，请相信我，我的确是真诚地赞美。我表示佩服他管理这些房产的本领，并且说我真想再续住一年，但是我负担不起房租。

　　"他好像从来不曾听见过房客对他这样说话。他简直不知道该怎样处理。后来他对我讲说了他的难处，先前有一位房客给他写过 40 封信，有些话简直等于侮辱；又有一位房客恐吓他说，倘若他不能让楼上住的一个房客在夜间停止打鼾，就要将房租契约撕碎。他对我说：'有一位像你这样的房客，我心里十分舒服。'后来，不等我开口，他就替我减免一点房租。我想能多减点，我说出所能负担的房租数目来，他二话没说便答应了。

　　"临走之时，房东又转身问我房子有没有应该装修的地方。倘若我也用别的房客的方法要求他减房租，我敢说肯定也会像别人一样招致失败。我之所以取得胜利，全依赖这种友好、同情、赞赏、以理服人的方法。"

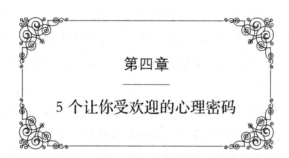

第四章

5 个让你受欢迎的心理密码

寻找对方的兴趣点

投其所好很久以来就是一个为人所鄙夷的贬义词，但事实上，它实在是一个征服陌生人、与陌生人建立良好关系并促成生意的诀窍。

管理学家认为，情感引导着人们的行动。积极的情感，比如喜欢、愉悦、兴奋等，往往产生理解、接纳、合作等行为效果，通常能让对方接纳你；而消极的情感，如讨厌、憎恶、气愤等，则会带来排斥和拒绝，通常不利于双方关系的建立。所以，要想让陌生人顺利地接受你、促使双方达成生意，你就首先需要对方喜欢你，否则，你的尝试就是失败的。要使别人对你的态度从排斥、拒绝、漠然处之到对你产生兴趣并予以关注，就需要你最大限度地引导、激发对方的积极情感，即寻找对方的兴趣点，然后投其所好。

当一个人特意要去结识一个从未打过交道的陌生人时，也应该把这一过程当成一次不可忽视的挑战，事先做好充分的准备。一方面，可以通过多种渠道了解对方的背景、经

◇ 微笑是必杀技 ◇

历、性格、喜恶；另一方面，在对对方基本情况了如指掌的前提下，设想有可能出现的问题，做好以不变应万变的心理准备。然后，在交往之中针对对方的兴趣喜好有的放矢、投其所好，令其大有"相见恨晚"之感，从而成功赢得对方信任，为双方建立稳固的关系。当然，即使是寻常的陌生人，你也该以此赢得对方的好感。

人与人之间最明显的不同就存在于每个人的个人兴趣里，如果能把这种差别找出来并加以利用，往往能为双方建立关系、发展生意，取得事半功倍的效果。所以，要想和一个陌生人搞好关系，首先就要了解一些与他们有关的信息，比如：他们曾经说过、想过、做过的主要事情，他们的习惯，他们的爱好，以及他们对某些问题的看法。这些都在你应该了解的范围之内。这种建立关系的要旨就是：从外围突破，在进入堡垒之前，先对堡垒周边的环境有一个大致的了解，做到心中有数，有了这样的基础，在接下来一步步接近目标时，你才会胸有成竹，不慌不忙，准确揣摩对方的心思，投其所好，最后轻松达到做大自己生意的目的。

幽默：吸引人的磁石

　　丘吉尔是个很有幽默感的人。有一次，著名作家萧伯纳的戏剧要在剧院上演，萧伯纳给丘吉尔寄了两张门票，并附上一张字条说："请带上一个朋友来看新剧的首场演出，如果你有一个朋友的话！"对于萧伯纳的嘲讽，丘吉尔并没有生气，他也给萧伯纳回了封信，"现在太忙，不能去看首场演出，请给我第二场的门票，如果有第二场的话。"丘吉尔是英国历史上最受人们爱戴的首相之一，这当然是由于他的丰功伟绩，但恐怕和他平易近人的幽默性格也有很大的关系。

　　幽默是一种人生态度，是一种交际的技巧，幽默能提升你的个人魅力，让你成为一个广受欢迎的人。笑和幽默是人类独有的特质。一个善于说笑与幽默的人，常给朋友带来无比的欢乐，并且在与人交往中增加自己魅力，备受欢迎。一般来说，一个人在谈吐中仪态自然优雅、机智诙谐、风趣，懂得自嘲、引人发笑，我们可以说他是个具有幽默感的人。而当能善用比喻，将有趣的故事导入主题时，他更能令人印象深刻。 马克·吐温说："幽默是真理的轻松面。"的确，幽默不是"正面的说理"，而是"侧面的笑谈"，使人在哈哈一笑之时，能渗透、了解人生的哲理。

有些"名嘴"，并不是因为他演讲的内容有多好，而是因为他有幽默感，让全场笑声不断，虽然演讲没什么内容，但大家也不太去计较，反而因为有那"名嘴"的演讲，必定准时"报到"。 在餐桌上，有幽默感的人可带动全场的气氛，给聚餐留下令人愉快的回忆，而这位有幽默感的人也必定成为聚餐中的主角，让人印象深刻。 而且还有一个可能——以后常会有人请这个人吃饭。

官员或企业主管若有幽默感，也可在无形之中增添凝聚力，化解不必要的纷争，并且为自己塑造亲和的形象。

除此以外，有幽默感的人还能巧妙地处理各种尴尬的场面，给人们带来欢乐。

有一个从俄亥俄州来的人拜访林肯总统时，外面正有一队士兵停在门外，等候林肯训话。林肯请这位朋友随他外出，并继续和他交谈。但是，当他们行至走廊时，军队齐声欢呼起来。那位朋友这时应该识趣地退开，但是他并没有这样做。于是，一位副官走到那人面前，嘱咐他退后几步。他这时才发现自己的失态，窘得满脸通红。但是，林肯却立即微笑说："我的朋友，你得知道他们也许分辨不出谁是总统呢！"

在那难堪的一瞬间，林肯用他的幽默化解了这一窘迫的局面。

　　从前有一位画商拿着毕加索早期的画作，请求毕加索鉴定是不是他画的。毕加索瞄了一眼，说道："这是一幅假画。"画商大吃一惊，支吾地问："这难道不是你画的吗？""是啊！这是我亲自作的假画！"毕加索不慌不忙地说。

　　其实，每个人都可变得幽默，幽默不是天才、高智商、喜剧演员的专利品。只要你常看一些笑话故事、歇后语，学习让嘴角向上翘，换个新角度欣赏事物，必可找回幽默和学会幽默。

　　不过，幽默虽好，使用不当却会毁坏你的形象，因此一定要掌握技巧。

　　（1）不要随意幽默。幽默并不是随时随地都可以运用的，应在某些特定的场合和条件下发挥幽默。例如：在一个正式的会议上，当别人发言时，你突然冒出一两句逗人的话，也许大家都被你的幽默逗笑了，但发言的那个人肯定认为你不尊重他，对他的发言不感兴趣。

　　（2）幽默要高雅才好。在生活中，有不少人在开玩笑时往往把握不住分寸，结果弄得大家不欢而散，影响了彼此的感情。

　　幽默是引力强大的磁铁，有了幽默你就可以把周围的人都吸进你的磁场。如果你想成为一个人缘好的人，如果你想增添自己的魅力，那就培养一点幽默感，做一个幽默的人吧！

想受人欢迎，先关心别人

　　人格高尚、性情温和的人，往往到处都能得到他人的欢迎，也能处处得到他人的扶助。有些商人虽然没有雄厚的资本，却能吸引很多顾客，他们的事业与那些资本雄厚但缺少吸引力的人相比，进展必定更为显著。

　　与人交往，如果你能处处表现出关爱别人的精神，乐于助人，那么就能使自己犹如磁石一般，吸引众多的朋友。而一个只肯为自己打算的人，到处会受人鄙弃。

　　慷慨与宽宏大量，也是受他人欢迎的要素。一个宽容大度的慷慨者，常能赢得人心。

　　与人交往时，还应说他人爱听的话，在谈话和做事过程中，要赞扬他人的长处，而不去暴露他人的短处。那种习惯轻视他人、喜欢寻找他人缺点的人，是不可信赖的人，也不值得交结。轻视与嫉妒他人往往是一个人心胸狭窄、思想不健全的表现，也是一个人思想浅薄与狭隘的表现，这种人非但不能认识他人的长处，更不能发现自己的短处。而有着健全的思想、对人宽宏大量的人，非但能够认识他人的长处，更能发现自己的短处。吸引他人最好的方法，就是要使自己对他的事情很关心、很感兴趣。但你不能做作，你必须真诚地关心别人，对别人感兴趣。

好多人之所以不能吸引他人，是因为他们的心灵与外界是隔绝的，他们专注于自己。与外界隔绝，久而久之，便使自己陷入孤独的境地。有一个人，几乎人人都不欢迎他，但他不知道是什么原因；即使他参加一个公众集会，人人见了他都退避三舍。所以，当别人互相寒暄谈笑、其乐融融之时，他一个人独处在屋中的一个角落。即使偶然被人家注意，片刻之后，他也依旧孤独地坐在一边。这个人之所以不受欢迎，在他自己看来乃是一个谜，他具有很强的才能，又是个勤勉努力的人。他在每天工作完毕后，也喜欢混在同伴中寻快乐。但他往往只顾到自己的乐趣，而常常给人以难堪，所以很多人一看到他，就避而远之。但他绝未想到，他不受欢迎最关键的原因乃在于他的自私心理。自私乃是他不能赢得人心的主要障碍。他只想到自己而不顾及他人。他竟然一刻也不能把自己的事情搁起，来谈谈他人的事情。每当与别人谈话，他总是要把谈话的中心，集中在自身或自己的业务上。一个人如果只顾自己，只为自己打算；那么就没有吸引他人的磁力，就会使别人对他感到厌恶，就没有一个人喜欢与他结交往来。

微笑是送给他人最好的见面礼

微笑带给人们快乐、温馨和鼓舞。微笑就是阳光，它能消除人们脸上的寒意。在一个适当的时候、恰当的场合，一个简单的微笑能够创造奇迹；一个简单的微笑能够使陷入僵局的事情豁然开朗。

有句话说得好：微笑是缩短两人之间距离的最佳良方。微笑是人际交往的必备品，更是美妙生活的调味剂，微笑的世界就是天堂，一个没有笑的世界与人间"地狱"无异。

笑是上帝赐予人类的最佳礼物，真诚的微笑能够缩短人与人之间的距离。试想，一位陌生人对你微笑，你是否感到有一种类似亲和力的东西在推着你向他靠近？

法国著名作家雨果说："笑，就是阳光，它能消除人们脸上的冬色。"他人就如同一面镜子，你给他以笑容，他也同样回报你以笑容。

与人交往中，有些人不会利用微笑的价值，实为不幸，因为，微笑在社交应酬中能够发挥很大的作用：不管在家中、办公室，还是在途中遇到朋友，只要你不吝惜自己的微笑，就会收到意想不到的良效。难怪有很多专业推销员，每天清早洗漱时，总要用两三分钟的时间，对着镜子训练自己的微笑，使自己展现出迷人的微笑，甚至将之视为每天的例行工作。

原一平曾为自己的矮小而恼恨，他曾多次仰天长叹："老天爷对我真不公平！"但是，个子矮是不能改变的事实，根本难以隐瞒，想改也改不掉。

就在原一平加入明治保险公司不久，与原一平个子相差无几的高木金次先生召见了原一平。

高木先生曾经留过洋，在美国专事推销。他的身材比原一平略高而已，他的健康也欠佳，瘦弱无比，所以，如果只看外表，他和原一平一模一样。

他注视着原一平，静静地说："原老弟，身材高大魁梧之人，光是外表就显得很威风，所以，访问客户时也易使对方产生好印象。我想，我们个子矮的首先需要以表情制胜，特别要重视笑容满面，务必显出发自肺腑的笑容。"

高木的脸上马上浮现出笑容，那是一种浑身都在笑的姿态，是纯朴感人的微笑，这笑容使得原一平顿有所悟。

从此后，原一平开始训练笑容，他不断地对着镜子训练。

由于专心想着练习笑容之事，走在马路上，原一平往往会不自觉地露出笑脸，有时甚至会笑出声来。他练习笑容就如同着了魔，他的邻居们看见他一人经常独自发笑，还怀疑他神经不正常呢。

原一平自豪地说："如今，我认为自己的笑容与婴儿的笑容已经相差无几。"

婴儿的笑容，纯真得令人心旷神怡。婴儿的笑容之所以美丽诱人，是因为以鼻骨为中心线时，脸部左右的表情相同的原因。

我们需要拥有左右均匀的、天真无邪的美丽笑容，即婴儿般的笑容。当大人展露出接近婴儿的那种笑容，那才是发自内心的微笑，这种笑容能使初次见面的人如沐春风，它能够使接触他的人，自然地展露笑容。

行动比言语更具有力量，而微笑所表示的是："我喜欢你，你使我快乐，我很高兴见到你。"

你是否在医院的候诊室待过？看到四周的病人与他们沉郁的脸。

一位密苏里州的兽医，曾经提到，有一年春天，他的候诊室里挤满了顾客，带着他们的宠物准备注射疫苗，没有人闲聊，或许每个人都想了自己该做的事，而不是坐在那里浪费时间。大约有六七个顾客在等待，后来又有一位女顾客走了进来，带着她九个月大的孩子与一只小猫。凑巧的是，她就坐在一位先生身旁，而那位先生等待得已经不耐烦了。然而他发现，那个孩子正抬头注视着他，并咧着嘴对他无邪地笑着。这位先生有什么反应呢？当然他对那个孩子笑了笑。然后他就同这位女士谈起她的孩子与他的孙子来。过了一会儿，整个候诊室中的人都闲谈起来，气氛也从乏味、僵冷变成了愉快。

仁义是赢得他人支持的基础

在一个寒冷的深夜，纽约的一条不是很繁华的道路上已经几乎没有车辆行驶。这时从街中心的地下管道洞内钻出一位衣着笔挺的人来。路旁的一个行人十分狐疑，他上前想看个究竟，一看却怔住了，他认出这钻出来的人，竟是大名鼎鼎的电话业巨头，密歇根贝尔电话公司总经理，福拉多！

原来福拉多是因为地下管道内有两名接线工在紧急施工，福拉多特意去表示慰问。

福拉多被称作"十万人的好友"，他与他的同事、下属、顾客，乃至竞争对手都保持着良好的关系，这位富有人情味的企业巨子，事业如日中天。

可以说福拉多的成功，在很大程度上要得益于他的好人缘，他用自己富有人情味的领导，赢得了同仁的赞誉和支持。然而生活中，很多人往往忽略了，你身边的同仁就是不能缺少的靠山。 敬人者，人皆敬之；爱人者，人皆爱之。只要以一颗真诚的心去面对你的同仁就能够得到对方同样的回报，为自己增加一个可以同甘苦、谋事业的坚强靠山。 凡做大事、成大业的人，也都是以心换心，才得到了无数同仁的支持，并依靠他们的力量，取得了事业的成功。

美国社会心理学家布罗尼克认为，一个人走向成功，必须通过 6 道关门。 在 20 多岁至 30 岁是第二道关口——脱颖而出。 这期间，多数人投入可观的时间，动脑筋钻研业务，和别人比高低，希望能得到好声誉。 然而，有些人为了使自己凸显出来，便会经常地批评别人，贬低别人，对别人不信任，或称赞自己，把功劳归于自己。 这样，他们就很难与别人合作。 甚至不得不与其他人处于对抗之中，也就失去了在群体中的地位。 这些人往往得不到别人的信任和好感，难于与他人合作，因此，得不到上司的赏识、同事的接纳和合作，常常失去晋升的机会，这样的人最终也难于获得成功。

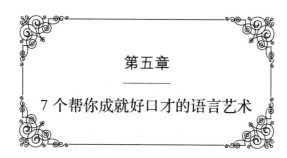

第五章

7 个帮你成就好口才的语言艺术

多给别人说话的机会

不要对别人妄加评判，应该多给别人说话的机会。你或许不同意别人的看法，但是不要打断别人的话，坚持听别人说完。谦虚谨慎能让你赢得更多的朋友，而争强好胜却会给你招来更多的敌人。

很多人都会犯一个错误：当他们想要赢得他人的赞同时，对自己谈论得太多了。实际上，这时候应该多给他人展示的舞台。每个人都比其他人更了解自己！所以，你只需要问几个问题，然后让他们自己回答就好！

有时候，你不同意别人的观点，然后就会试图去打断他们的思路。千万不要这么做！这时候，他们往往不会理睬你，因为他们还有很多论据没有说出来，他们的论点还没有得到足够的支持。所以，这时候你应该耐心倾听，认真去想，真诚地去面对他们，鼓励他们尽可能全面地论述自己的观点。这是一种以退为进的策略，如果非得说说它的具体效果，那么我们来看看下面的这个例子。

几年前，美国有一家比较著名的汽车公司想要购买当年生产所需的坐垫。当时，有三家厂商都在争取这笔订单。他们几乎同时将样品送到汽车公司，工程师决定让每家公司派一个代表进行商谈。

R先生是其中一家厂商的代表，当他抵达汽车公司的时候，偏偏患了严重的咽炎！他是我辅导班上的学员，他是这样给我们讲述当时的情形的：

"当轮到我进去讲解产品时，我几乎郁闷到了极点。在那样关键的时刻，我甚至无法说出一句完整的话。我被很礼貌地带入了一间小会议室，里面等待我的是纺织工程师、采购部经理以及那家公司的总经理。我走到他们中间，同他们礼貌地握了手。当我想要在这次会谈中展示我们厂的产品时，我却只能发出沙哑的声音！

"后来，我很尴尬地坐到了椅子上。我示意他们给我拿一张纸，然后写道：'各位先生，很抱歉，我嗓子哑了，不能为你们进行深入讲解了！'

"那总经理看后说：'好吧！没有问题，我可以替你说！'他将我带来的样品一一展开，并不断地称赞这些样品的优点。由于经理是站在我的角度说话，所以在讨论的时候，他也自然而然地替我说好话。当时，我能做的只是点头笑笑，或是用手势表达我的意思！

"这次不同寻常的推销结果使我获得了他们公司的订单。他们公司向我们厂订购了10万张坐垫，我为公司创利160万美元。这是我有生以来所经手的最大的一笔订单！

"我知道，如果不是我碰巧嗓子生病，发不出声音，我可能会失去那份合同。因为我从来没有想过，话从对方的口中说出，也会收到这么好的效果！这让我在无意中发现，让别人代替自己说话，有时候是很实用的。"

让别人多说同样可以解决家庭问题。

　　最近，芭芭拉·威尔逊和她的女儿劳丽之间的关系急转直下。芭芭拉记忆中的乖女儿曾经是一个文静的小女孩，可是她现在渐渐长大，变得不够友好，有时候还有些叛逆。芭芭拉曾经无数次地教训她、恐吓她，甚至给她关了禁闭。但是，这些都无济于事！真是太让人苦恼了！

　　有一天，芭芭拉刚刚起床，劳丽就和她因为家务分工吵了嘴。随后，劳丽若无其事地冲出房门去见她的伙伴了。芭芭拉说："当她回来的时候，我本想尖声斥责她，可是，我实在没有力气那么做了。我知道，这样的责骂，我已经用了无数次，可是她根本不在乎。我看着她，非常伤感地说：'为什么？劳丽，这到底是为什么'？"

　　劳丽注意到了妈妈的悲伤，她平和地问："妈妈，你真的想知道为什么吗？"芭芭拉点点头，劳丽开始向她诉说她的心里话。开始的时候她还有些犹豫，但是到了后来，她已经无法抑制心中的激动，话语像潮水般涌了出来。她时而激动，时而伤感，可是她的话语中，无时无刻不透露着一种期待。那是女儿的拳拳之心啊！听了她的话，芭芭拉才发现自己几乎从来没有听过女儿的意见，芭芭拉对她做的事情总是指指点点，告诉她应该这样做，应该那样做。每当女儿想要告诉芭芭拉自己的感觉和想法的时候，芭芭拉总是用命令去横加干涉。直到现在，芭芭拉才意识到女儿是如此需要她。她要的不是一个专横的妈妈，而是一个可以排解她成长烦恼的知心朋友。而芭芭拉所做的，实在是太让女儿失望了。她是那样的高高在上，又是如此的不讲理。芭芭拉决心为了家庭的和谐改变自己的态度。

从那之后，芭芭拉开始放手让女儿做自己喜欢的事情。女儿也开始和芭芭拉说她的心里话，她们的关系终于又恢复如初，女儿也变得越来越合作了。

是的，这就是牵动着上万父母心的"鸿沟"问题，很多人不知道如何去面对青春期的孩子，很多人无法忍受他们的躁动。可是，事情总是会有办法解决的。就像芭芭拉一样，多去和孩子沟通，多去听听他们的想法，多给他们说话的机会，这不是很好吗？

孩子们终究会长大，当他们大学毕业的时候，可能会遇上找工作的难题。看看下面的这个例子能给亲爱的读者哪些启示。

一则大篇幅的广告刊登在纽约一家报纸的财富版面上，上面写着一家公司要招聘一位有着特殊能力和经验的人。克伯尼施收到了求职的回信，他将去公司总部进行一次面试。在启程之前，他花了很多的时间了解这家公司。对于这家公司的历史以及创办者的传奇故事，他都能牢记于心。当面试的时候，他对老板说："假如我能进入公司任职，我将感到十分自豪。您成功的经历是我们年轻人最好的教科书。听说在28年前您开始创业的时候，除了一间屋子、一套桌椅和一个速记员以外，什么都没有，是这样的吗？"

几乎没有哪个老板不愿意回忆当年的艰苦奋斗，眼前的这个人也不例外，他谈起当初是如何凭借450美元和一股创业热情，创造了今天这个规模庞大的公司。他眼含泪水地倾诉那段艰苦的岁月——他如何克服困难，如何面对失望，节假日是如何度过的，每天是如何工作16个小时的。而现在，华尔街最有地位的金融家也会来向他请教问题，他对自己取得的成就感到自豪。之后，他简单问了克伯尼施几个问题，就把副总经理叫进来吩咐道："这位先生就是我们要找的人了。"

克伯尼施花了一些时间去了解老板的成功经历，可是他的功夫没有白费。他对这个老板的创业史表现出极大的关心，并促使老板尽可能多谈论这件事，最终赢得了老板的青睐！

这就是一种应聘的技巧，它能掩盖你专业知识薄弱的缺点，能为你的表现添彩。人人都渴望表现自己，即使是你最好的朋友，也希望你去多听听他们成功的经历，而不是讲述你自己的那些事情。

　　法国哲学家罗西福克曾经说过："内敛会让你获得朋友，好胜会让你得到敌人！"这就是说，当朋友胜过我们的时候，他们会觉得自己重要；但是当我们胜过他们的时候，哪怕只有一点点，他们也会感到压力，他们可能就会妒忌你，进而远离你！

　　当然，可能你有令自己自豪的工作能力或家庭环境，但是对于你的优势，那些旁观者会喝彩吗？相信我，他们经常做的是表面上恭维你，但是背后可能在诅咒你。 你不能让自己的光芒太过于显露，我建议你少说话，多倾听。

　　每个人都有很多话要说，他们可能会向你诉苦，也可能向你炫耀！你要做的是：微笑着去听他们倾诉！与人谈话本应该是快乐和谐的，要多给他人说话的机会，多给他人倾诉的权利。 只有在他们表达完自己的想法之后，他们才会想起你，你才会有表现的机会！

委婉地提醒对方的错误

　　查尔斯·施瓦伯有一天中午经过他的一个钢厂，看见几个工人正在吸烟，而在他们头顶上方就悬挂着一块"禁止吸烟"的牌子。施瓦伯是否指着这块布告牌说："你们不识字吗？"不！没有，施瓦伯绝对没有这么做。他走到这些人跟前，发给每人一支雪茄，说道："孩子们，如果你们到外边吸这些雪茄，我会感激不尽。"他们知道自己违反了规定——但他们赞赏他，因为他什么也没有说，还送给他们一点小礼物，使他们感受到了尊重。你能不喜欢像施瓦伯那样的人吗？

　　约翰·华纳梅克也使用过同样的方法。华纳梅克经常去他在费城的大百货店中巡视。有一次，他看见一位顾客在柜台前无人服务，而店员正在聊天，于是他一声不响地轻轻溜入柜台后面，自己接待了这位顾客，然后将商品交给售货员包装，自己就走开了。

有些官员经常被批评不接见民众。他们虽然非常忙碌，但有时候是由于助手们过度保护他的上司，为了不使他的上司接见太多的来访者，以免给上司造成负担。

卡尔·兰福特曾担任佛罗里达州奥兰多市的市长，而且他当了许多年的市长。他时常告诫部属，要让民众来见他。他宣称自己打算推行"开门政策"。

然而，当社区的民众来拜访他时，都被他的秘书和行政官员阻挡在了门外。

最后，这位市长总算找到了解决的好办法。他拆掉了办公室的大门。他的助手们也知道了这件事。于是，从此之后，这位市长真正做到了"行政公开"。

若想不惹人生气并改变他，只要换两个字，就会产生不同的效果。

许多人在开始批评之前，都先真诚地赞美对方，然后接下来一定会说"但是"，再开始批评。例如，要改变某个孩子读书不专心的态度，我们可能会这么说："约翰，我们真的以你为荣，这学期你成绩有了进步。但是，假如你的代数再努力一些的话，就会更好了。"

在这个例子，可能约翰在听到"但是"之前，会感觉很高兴。当他听到"但是"时，马上就会怀疑这个称赞的可信度。对他而言，这种称赞只是批评他失败的一种开头而已。由于可信度遭到了曲解，我们也许就不能达到要改变他的学习态度的目标了。

对于这个问题，只要把"但是"改为"而且"，就可以轻易解决了。 如："约翰，我们真的以你为荣，这学期你的成绩有了进步，而且，只要你下学期继续努力，你的代数成绩就会比别人好了。"

这样一来，约翰就会接受这种称赞，因为你没有把失败的推论放在后面。 我们已经间接地让他知道我们想使他有所改变，因此，他会尽力去实现我们的期望。

对那些不愿接受直接批评的人，如果能间接地让他们去面对自己的错误，就会收到非常神奇的效果。

住在罗得岛温沙克的玛姬·杰克在我班上讲述了她是如何使得一群磨洋工的建筑工人帮她盖好房子并将垃圾清理干净的。

最初几天，当杰克夫人下班回家之后，发现满院子都是锯木屑。她不想找那些工人们争论，因为他们的工程做得很好。所以当这些工人走了之后，她跟孩子们捡起碎木块，并整整齐齐地堆放在屋角里。次日早晨，她把领班叫到旁边说："我很高兴昨天晚上地上这么干净，又没有让邻居感到不方便。"从那天起，工人每天都会捡起木屑堆在一边，领班也每天都来看看。

在预备役军人和正规军训练人员之间，最大的差异就是理发，因为预备役军人认为他们只是老百姓，因此非常不愿把自己的头发剪短。

美国陆军第542分校的士官长哈雷·凯塞在带预备役军官时，他面临着如何解决这个问题的任务。跟以前正规军的士官长一样，他可以向他的部队怒吼几声，或威胁他们。但他不愿这样做。

他这样说道："各位先生们，你们都是领导。当你以身教导时，那是最有效不过的办法了。你必须为你所领导的人做个榜样。你们应该了解军队对理发的规定。今天我也要去理发，而我的头发却比某些人的头发要短得多。你们不妨对着镜子看看，如果你要做个榜样的话，是不是该要理发了？我们会帮你安排时间去营区理发部理发。"

结果是可以预料的。有几个人自动去镜子前看了看，然后下午去理发部按规定理了发。次日早晨，凯塞士官长讲评时说，他已经看到在队伍中有些人已经具备了领导者的气质。

1887年3月8日，美国最有口才的牧师、演说家亨利·华德·毕切尔去世了，用日本人的话来说，他到另外一个世界去了。在下一个星期日，莱曼·阿伯特应邀向那些因毕切尔去世而伤心不已的牧师演讲。他急于取得成功，把演讲词改了又改，并像福楼拜一样过分小心地进行润饰。然后他将演讲词读给妻子听。演讲词写得并不很好，就像大多数的演讲词一样。如果他妻子缺乏见识，可能会这样说："莱曼，糟极了，绝对不能用。你会让那些听众都睡着的，那听起来像一本百科全书。你传道这么多年，应该能写得更好。天啊！你为什么不像一个普通人那样去讲呢？你为什么不自然点儿？你如果念那篇东西，一定会砸自己的台。"

她可能会这样说的。而她如果真的这样说了，她也知道结果将会怎样。所以，她改变了一种说法：如果演讲词寄给《北美评论》，一定是一篇极好的文章。换言之，她称赞了这篇演讲词，同时又很巧妙地暗示丈夫不能用这篇演讲词去演讲。阿伯特看出了这点，干脆将他精心准备的底稿撕碎，后来连大纲都不用，很自然地作了演讲。

所以，要想更好地说服他人，一定要牢记：间接地提醒别人注意他的错误。

多抛橄榄枝，做话题的制造者

在人际交往中，少不了语言交流。可以说，每一次交谈，都决定着事情的成败。那么决定交谈成功的因素是什么？为什么有的人在谈话中能言谈自若，引人入胜；而有的人费尽心力却无法让谈话对象提起兴趣，甚至反感呢？

其实，你要做的事情，就是用最短的时间，来消除对方的警惕和排斥心理，让对方在你的亲切话语中接受你，从而变得友好起来。而一个合适的话题，就是让对方放下戒备，诚心和你谈话的最好工具。

卡森先生是一位童子军事业的工作人员。欧洲将举办童子军夏令营活动，卡森想邀请美国某家大公司的经理出钱，赞助一位童子军的旅行费用。他在去拜访这位大公司的经理之前，听说他曾开出了一张 100 万美元的支票，这在当时来说是一笔数额巨大的款项。

卡森在见到这位经理之后说："我这一辈子从来都没有听说有人开过数额如此巨大的支票！我要告诉我的童

子军，说我的确看到过一张 100 万美元的支票。"听到这里，这位经理非常愉快地把那张支票递给卡森看。卡森则赞叹不已，并询问这张支票的详细情况，这位经理饶有兴趣地告诉了他。

之后，那位经理问卡森："请问你来找我有什么事?"到这时，卡森才说明来意。

结果十分出乎卡森的意料：这位经理不但立即答应了他的请求，还十分慷慨地付出了更多的资助。卡森本来只想请他出资赞助一名童子军去欧洲，可是他慷慨地资助了 5 名童子军和卡森本人，并当即就开了一张 1000 美元的支票，并建议他们在欧洲玩上几个星期。另外，他又给卡森写了封介绍信，把卡森引荐给他在欧洲分公司的经理，好为卡森提供帮助。当卡森一行抵达欧洲时，分公司的经理亲自去巴黎接了他们，领着他们游览了这座美丽的城市。从此以后，这位经理一直对卡森的童子军事业很热心，并且为家庭贫困的童子军提供工作机会。

卡森先生与陌生人交谈之所以能取得如此大的成功，其秘诀在于：刚开始时，他并没有和对方谈及有关童子军与欧洲夏令营的事，也没有谈他想要对方给予的帮助。他谈了对方感兴趣的话题，从而使对方高兴和他交谈，这样就能顺利打开交谈的话匣子。假如卡森根本就不谈对方感兴趣的事情，而是开门见山地提出请求，那么，这位经理有可能根本不会满足他的请求。

会说话的人在谈话中都注重寻找共同的话题，这是因为共同的话题能够引起双方的兴趣。寻找合适的话题，把谈话的重心放在对方感兴趣的事情上，就能使双方的谈话融洽自如。 古罗马著名诗人西拉斯说："我们对别人产生兴趣的时候，恰好是别人对我们产生兴趣的时候。"所以，要善于从对方身上寻找共同点，并由此引出话题，这样就会引发亲近感。

多年来，费城的克纳夫尔先生一直想将燃煤推销给一家大型连锁公司，但这家公司的经理不予理睬，一如既往地从市外一个煤商处采购燃煤。有一天，克纳夫尔先生在我的班上作了一次演讲，对这家连锁公司大加指责，认为他们的行为是国家的一颗毒瘤。可是，他依然不知道他为什么不能把煤卖给他们。于是，我建议他试试采用其他手段。

简而言之，后来的情形是这样的：我将班上的学生分成两支队伍进行辩论，辩题是"连锁公司的广泛分布对国家是否害多益少"。

在我的建议下，克纳夫尔先生同意加入反对方，为连锁公司做辩护。于是，他径直去找那家被他痛斥的连锁公司的经理，对他说："我来这里，并不是向你推销燃煤的。我只是来请你帮我一个忙。"

之后，他告诉这位经理他要参加一场辩论赛，并说"我来请你帮忙，因为我认为没有人会比你更适合为我提供我所需要的材料。我非常想赢得这场辩论赛，无论你能给我什么帮助，我都将非常感激。"

下面是克纳夫尔先生对后来的情况的介绍：

"我请他给我一分钟的时间。由于讲了这个条件，他才答应见我。但是当我说明了我的来意之后，他让我坐下，和我谈了1小时47分钟。他还叫来另一位曾写过一本关于连锁经营书的高级职员向我介绍相关情况。他还给全国连锁公司联合会写信，替我要了一份关于这方面的资料。他觉得连锁公司是真正为人们服务的，他对于能够为成千上万的人服务而备感自豪。他谈话的时候，精神焕发，眼睛里放射出我从未见过的光芒。而我也必须承认，他开阔了我的眼界，使我看见了我以前连做梦都没有想过的事，他改变了我的整个想法。

"当我离开的时候，他把我送到门口，搂着我的肩，祝我辩论胜利，并请我再来看他，将辩论的结果告诉他。最后，他对我说：'请你在春末的时候再来看我。我愿意订购你的煤。'

"对我来说，这简直不可思议。我并没有提及煤的事情，可是他却要订购我的煤。我只不过因为对他及他的问题有真实的兴趣，因此在不到两个小时内所得到的成果，比我在过去多年中试图让他对我及我的煤产生的兴趣还要多。"

人与人之间，很难在初次认识时就产生共鸣，往往必须先引起对方想与你交谈的兴趣，并在经过一番深入交谈后，才能让彼此更加了解。当你想尝试说服他人，或是对他人有所请求时，不妨先避开对方的忌讳，转而从对方感兴趣的话题谈起，而且不要太早暴露自己的意图，等到对方一步一步地赞同你的想法后，他们已经不自觉地认同你的观点了。

掌握说话的时机

在交际场合往往会出现这种情况：有的人侃侃而谈、抑扬顿挫、神采飞扬、口若悬河；而有的人却呆坐了半天，沉默不响，即使有时想插言，却总也找不到一个适当的话题而无从谈起。这里就有一个"话题切入时机的选择"问题。

一个人谈论的内容，无论他自己认为多么精彩，多么魅力无穷，如果时机掌握不好的话，也难以达到预期的效果。因为听者的心理，往往会因为心情、场合、时间的改变而不同，若要别人愿意听你畅谈，或接受你的观点，就需掌握说话的时机。这就如赛场上的攻垒手，虽然健步如飞，也拥有娴熟的技艺，但就差"决定性的瞬间"，错失最后一垒，结果还得从头再来。

说话时机的选择并没有什么固定的规律可循，这常常要视具体情况而定。

如在商务讨论会上发言时，先发言者固然会给人先入为主的印象，但也会因为大家还都尚未进入角色，而使得气氛略显沉闷、突兀。 最后总结者，因有充裕的时间构思，往往思维缜密、逻辑清晰、侃侃而谈，但此时大家经过长时间的讨论，身心也已颇有倦意，不想再高谈阔论。 由此，人们经过研究得出：中间阶段及时插入适当的话题，效果最好，显得从容、自然，既可充分地发表意见，又能显示出对先发言者的尊重。

又如开口求人办事时，最好察言观色，发言前要看对方是否心情愉快。 一般情况下，如果对方显得身心疲倦，还是少打扰为妙，此时求人很容易引起对方烦恼，遭人拒绝，弄得双方不欢而散。 如果你知道对方的关注点所在，可以先投其所好，引起对方的兴趣后，再张口求人，一般这种情况下，对方也不好意思再拒绝，当然最好还是在对方春风满面、身心愉悦的情况下开口，效果更佳。 在反映情况和教育人的时候也是如此，注意把时机选在对方心情比较平和的时候。

掌握察言观色的技巧是掌握说话时机的关键。 所谓的脸色不过是心情活动在面部的一种表现而已。 在人心情好时，说什么都令人快乐；心情不好时，见什么都会皱眉。 当你开口说话时，考虑场合，合理掌握时机，准能使你处世更加游刃有余。

巧妙地提出要求

请求别人帮忙或是要求对方配合自己的工作，以诚恳的口吻向对方表达，当然是可取的，然而这么做似乎缺少了一些趣味。 如果你能够用幽默的语言向对方提出要求，那么既可以使自己的难题得到解决，同时又能给对方送去欢乐。

林肯在斯普林菲尔德担任律师期间，有一天步行到城里去。一辆汽车从他身后开来，他喊住司机说："可不可以帮我个忙？把我身上这件大衣捎到城里去？"

"这有什么不可以，拿来吧……可是，到时候你怎么重新拿到它呢？"司机问。

"哦，这很简单，把我裹在大衣里不就行了。"

司机被林肯的回答逗乐了，愉快地招呼他上了车。

有时候，即便我们事后知道对方先前提出的要求属于耍小聪明，也很难狠下心"追究"对方的责任，因为对方的表现太机警了。

美国第27任总统塔夫脱曾经被困在一个乡村的小火车站，很长时间都等不来火车。他无意中发现站台的条文上说，如果有很多人想上车，快车也会在这个小站停留。

很快，一辆快车的列车调度员收到一份电报，说在克斯维尔（塔夫脱所在的车站）有一大批人等着上车。当快车在克斯维尔停住时，塔夫脱只身一人上了列车。随后他向迷惑不解的列车员说道："可以开车了，我就是那一大批人。"

塔夫脱的表现类似于恶作剧，当然不值得我们效仿，但是从他表现出的这种小聪明来看，不是可以让我们欣赏到一种政治人物身上那种难能可贵的幽默情趣吗？

有一次，音乐家勃拉姆斯在莱茵河畔的法兰克福逗留时，酷爱艺术的银行家拉登堡邀请他共进晚餐。

勃拉姆斯走进客厅，见桌子上摆好了葡萄酒。他解下领带，坐到餐桌前。

"亲爱的博士先生，"拉登堡说，"您的光临使我感到万分荣幸！为了表示我对您的热烈欢迎，我从酒窖里拿出了最好的名酒。这是我的葡萄酒中的勃拉姆斯！请您品尝！"

勃拉姆斯接过银行家递过的葡萄酒细细品尝。

"不错！"他终于点了点头，"很好。不过，如果这是您酒中的勃拉姆斯，那么，您最好还是把贝多芬拿上来。"

勃拉姆斯想让银行家把最好的葡萄酒拿上来，但是他不明说，而是利用对方的逻辑幽默地提出要求。 这样，对方如果确实还藏有更好的葡萄酒，就会在会心大笑中吩咐佣人拿上来；如果勃拉姆斯品尝的酒的确是拉登堡家中最好的酒，那么这位银行家也无须尴尬，他只需再度恭维一番勃拉姆斯就可以了。 所以，勃拉姆斯的回答，既表达了自己的要求，又不会让对方陷入窘境，可以说是一种很高明的谈话技巧。

笑着说话，关系融洽

在生活中，人们脸上的微笑，向人表示：我喜欢你，我非常高兴见到你！

微笑是从内心发出的，那种无诚意的微笑，是机械的、敷衍的，也就是人们所说的那种"皮笑肉不笑"的笑，是我们所反对、厌恶的。

纽约一家极具规模的百货公司里的一位人事部主任谈到他雇人的标准时，说他宁可雇用一个有可爱的微笑、小学还没有毕业的女孩子，也不愿意雇用一个冷若冰霜的哲学博士。

如果你希望别人用一副高兴、欢愉的神情来对待你，那么你自己必须先要用这样的神情去对别人。建议那些商界人士尽量对每一个人微笑。

斯坦哈德在纽约证券交易所上班，他给人的感觉很严肃，在他脸上难得见到一丝笑容。

斯坦哈德结婚已有 18 年了，这么多年来，从他起床到离开家这段时间内，他很难对自己的太太露出一丝微笑，也很少说上几句话。家里的生活很沉闷。

他决定改变这种状况。一天早晨，他梳头的时候，从镜子里看到自己那张绷得紧紧的脸孔，他就对自己说：比尔，你今天必须把你那张凝结得像石膏像的脸松开来，你要展出一副笑容来，就从现在开始。坐下吃早餐的时候，他脸上有了一副轻松的笑意，他向太太打招呼："亲爱的，早！"

太太的反应是惊人的，她完全愣住了，可以想象得到她高兴的程度。斯坦哈德告诉她以后都会这样。从那以后，他们家庭的生活完全变样了。

现在斯坦哈德去办公室，会对电梯员微笑着说："你早！"去柜台换钱时，对里面的伙计，他脸上也带着笑容。他在交易所里时，对那些素昧平生的人，他的脸上也带着一丝笑容。

不久他就发现每一个人见到他时，都向他投之一笑。对那些来向他道"苦经"的人，他以关心的、和悦的态度听他们诉苦，无形中，他们认为苦恼的事变得容易解决了。微笑给他带来了很多很多的财富。

斯坦哈德和另外一个经纪人合用一间办公室。他雇用了一个职员，是个可爱的年轻人，那年轻人也渐渐地对他有了好感。斯坦哈德对自己所得到的成就感到得意而自豪，所以他对那年轻人提到"人际关系学"。那年轻人这样告诉斯坦哈德，他初来这间办公室时，认为他是一个脾气极坏的人。而最近一段时间，他的看法已彻底地改变过来。他夸斯坦哈德微笑的时候很有人情味！

现在，斯坦哈德是一个跟过去完全不同的人了，一个更快乐、更充实的人，因拥有友谊而更加充实。

如果你觉得自己笑不出来，那怎么办？不妨试一试，强迫自己微笑。如果你单独一人的时候，吹吹口哨，唱唱歌，尽量让自己高兴起来，就好像你真的很快乐一样，那就能使你快乐。哈佛大学已故的詹姆斯教授曾说："行动好像是跟着感觉走的，可是事实上，行动和感受是并行的。所以，你需要快乐时，就要强迫自己快乐起来。"

人是很容易被感动的，而感动一个人靠的未必都是慷慨的施舍和巨大的投入。往往一个热情的问候，温馨的微笑，就足以在人的心灵中洒下一片阳光。如果你要改变说话，那就先从改变那副板着的面孔、露出一个微笑开始。

观察对方的性格说话

在说话时，一方面要考虑对方的身份地位，一方面还要注意观察对方的性格。通常来讲，一个人的性格特点可以通过自身的言谈举止、表情等流露出来，如有些快言快语、举止简洁、眼神犀利、情绪易冲动的人，时常是性格急躁的人；有些直率热情、活泼好动、反应迅速、喜欢交往的人，时常是性格开朗的人；有些表情细腻、眼神稳定、说话慢条斯理、举止注意分寸的人，时常是性格稳重的人；有些安静、抑郁、不苟言笑、喜欢独处、不善交往的人，时常是性格孤僻的人；有些口出狂言、自吹自擂、好为人师的人，时常是骄傲自负的人；有些懂礼貌、讲信义、实事求是、心平气和、尊重别人的人，时常是谦虚谨慎的人。

对这些不同性格的说话对象，一定要具体分析，区别对待。在说话时，必须对谈话对象的情况作客观的了解。知己知彼，针对不同的对象，采取不同的会谈技巧。比如，知识高深的对象，对知识性的东西抱有极大的兴趣，不屑听肤浅、通俗的话，应充分显示你的博学多才，多作抽象推理，致力各种问题之间内在联系的探讨。 文化浅薄的对象，不宜循循善诱时，可以用激将法。 爱好夸大的对象，不能用表里如一的话使他接受，不妨用诱兵之计。 脾气急躁的对象，讨厌喋喋不休的说理，用语须简要直接。 性格沉默的对象，要多创造机会让他说话。 头脑顽固的对象，对他硬攻，容易形成僵局，造成顶牛之势，应看准对方最感兴趣之点进行转化。

喜欢听流利而稳重的话一般是办事严谨、诚实、老练的人，对这种人说话时态度要尊敬，不能高谈阔论、婉转如簧，应以忠实见长，朴实无华，直而不曲。 话语虽简单，但言必中的，给人以老实敦厚的印象。

对方若是性情豪放、粗犷，则他喜欢听耿直、爽快的话，那么你就应忠诚、坦白，知无不言、言无不尽，对美丑、善恶的爱憎要强烈分明。

对方若是一个学识渊博的高雅之士，他可能崇尚旁征博引而少芜杂的言辩，你不妨从理论问题谈起，引经据典，纵横交错，使谈话富有哲理色彩，但言辞应表现出含蓄和文雅，显得谦虚而又好学上进。

总而言之，谈话对象不同，就要采用不同的谈话方式。

美国耶鲁大学著名的文学教授威廉·费尔普在《论人性》一文中讲了这样一个故事：在他8岁的时候，有一次到他姨妈家里做客。 晚上，有一个中年人来访，和他的姨妈寒暄一阵后，就把注意力转移到了他身上。 那时威廉正对帆船十分着迷，中年人就和他兴致十足地谈起帆船来。 威廉当时很兴奋，中年人走的时候，他心里还恋恋不舍，盼望那个人明天还来。 但是威廉的姨妈却淡淡地说："他是一个律师，才不会对什么帆船感兴趣呢。"威廉非常诧异，对那个律师能和他聊得那么起劲感到费解，当时姨妈的回答让威廉终生难忘："因为你对帆船有兴趣，他就谈一些让你高兴的事情，这样做是为了让自己受欢迎。"因人而异地投其所好，让别人对自己留下好印象，产生好感，能够顺利完成交际任务。

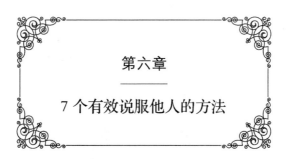

第六章

7 个有效说服他人的方法

让听者自己说服自己

凡事都要由浅至深，循序渐进，步步为营，逐步推进。

齐诺芬的《纪念录》中，有一段关于苏格拉底和欧西德的对话。

欧西德：我生平所做之事，有无"不正"的？

苏格拉底：那么，你能举例说明什么是"正"，什么是"不正"吗？

欧西德：能。

苏格拉底：虚伪是正还是不正？

欧西德：不正。

苏格拉底：偷盗呢？

欧西德：不正。

苏格拉底：侮辱他人呢？

欧西德：不正。

苏格拉底：偷窃敌人而且侮辱敌人，是正还是不正？

◇ 点到为止，不要唠叨 ◇

上司对下属小方发火道："你知道这次的会议有多重要吗？你竟然把它搞砸了，公司本来对你寄予厚望，这样我要怎么和董事长交代……"小方低着头，沉默不语。

小方在自己的办公桌前，看起来十分消沉。

经理，您今天批评小方批评得太狠了，他现在看起来意志很消沉，也很自责。

唉，我也是一时被愤怒冲昏了头脑。他已经很自责了，我还一直责怪他，确实不应该。我去安慰他一下吧。

批评他人时要注意分寸，点到为止即可。一直唠唠叨叨会让对方厌烦并产生逆反情绪，对结果于事无补。

欧西德：正。

苏格拉底：你方才说侮辱他人和偷窃都是不正，现在又何言正呢？

欧西德：不正只可对敌不可对友。

苏格拉底：假如有一将军见其军队士气颓废，不能作战，他便欺骗他们，说"救兵将至，勇往直前吧！"因此，他的军队大获全胜，这是正还是不正？

欧西德：正。

苏格拉底：小孩生病，不肯吃药，父亲骗他说"药味很甜"。孩子吃了，救了性命，这是正还是不正？

欧西德：正。

苏格拉底：你说不正只可对敌，不可对友，何以现在又可以对友呢？

欧西德：……

在这里，苏格拉底便是运用层层剥笋的办法，一步步说出欧西德逻辑上的错误，最终使他无言以对，不得不佩服苏格拉底。

生活中，在某些场合，你不妨运用此方法，循序渐进，把握脉络，把道理说透，不由得对方不服。

1921 年，美国西方石油公司董事长兼总经理哈默听说苏联实行了新经济政策，鼓励吸收外资，就想把自己公司的业务范围扩展到苏联这个庞大的国外市场。他想，目前苏联最需要的是消灭饥荒，得到大量的粮食，而此时美国正值粮食大丰收之际，一美元可买到 35.24 斤大米。农民宁肯把粮食烧掉，也不愿以这样的低价送往市场出售。而苏联盛产毛皮、白金、绿宝石，这些正是美国市场急需的，如果能交换双方的产品，岂不是要大赚一把？

哈默打定主意，便来到了苏联。

哈默到达莫斯科的第二天早晨，就被召到列宁的办公室，列宁和他作了亲切的交谈。粮食问题谈完以后，列宁对哈默说：

"先生，不知你对在苏联投资、经营企业有无兴趣？"

哈默听了，默不作声，面无表情。

因为，当时西方对苏联实行的新经济政策抱有很深的偏见，作了许多恶意宣传，使许多人把苏联看成可怕的怪物。到苏联经商或投资办企业，被人称作"到月球探险"。常言道：众口铄金，积毁销骨。哈默虽做了勇敢的探险者，同苏联做了一笔粮食交易，但对在苏联投资办企业一事，还是心存顾虑。

列宁看透了哈默的心事。于是，他讲了实行新经济政策的目的。

"我们实行新的政策，目的是为了发展我们的经济潜能，我们欢迎所有的朋友到这里投资，并给予优惠，我以官方的名义担保你们不会受到任何人为的损害。"

哈默还是不语。

列宁看出他还是心存疑虑，便接着开展心理攻势：

"你放心，我们的政府不仅不会给你增添任何麻烦，还会向你提供任何帮助。"

列宁看到哈默的眼神中还流露出不放心的意思，就索性把话说得一清二楚：

"我们都明白，我们必须确定一些条件，保证我们有利可图，商人不是慈善家，除非觉得可以赚钱，不然只有傻瓜才会在苏联投资，你说对吧，哈默先生？"

就这样，列宁终于说服了哈默。不久之后，哈默成了第一个在苏联经营企业的美国人。

列宁对哈默的不解和疑惑，像剥竹笋一样逐层加以分析、解释，循序渐进，说理透彻，使得哈默解除疑虑，最终在苏联投资。

运用层层剥笋法时，要注意几个问题。

首先，你要明白"剥笋"的最终目的是什么，而后在"剥"的过程中紧紧围绕这一目的，也就是说，你每一步都是为最后的目的服务的，不涉及最终目的或者与最终目的仅仅是有些牵连的问题最好不要涉及。

其次，在"剥"的过程中要有层次，即要循序渐进。前一步是为下一步服务的，中间不能有脱节，否则就给人一种牵强附会、强拉硬扯的感觉。

总之，层层剥笋法的运用要靠你在实践中慢慢去领悟，只有不断实践，才能熟练地运用，才能达到目的。

运用讽喻法增加论辩的说服力

　　比喻也是最常用的文学手法，而聪明的雄辩家们也同样离不开说理生动的各种比喻手法，使深奥的道理变得通俗易懂、简单有趣，增加论辩的说服力，以达到说理服人的目的。

　　比喻重在"贴切"，就是说本体和喻体要紧密联系，甚至是达到独一无二的紧密联系，爱因斯坦关于相对论的解释正是比喻的典范之作。

　　震撼世界的相对论，是科学发展史上划时代的里程碑。要用一个比喻将这样高深的理论说清楚显然不是一件轻而易举的事。晚年的爱因斯坦有一次是这样向青年学生们解释相对论的："当你和一个美丽的姑娘坐上两小时，你会感到好像只坐了一分钟；但要是你和一个很丑的老头坐在一起，哪怕只坐上一分钟，你却感到好像是坐了两小时。这就是相对论。"

　　毫无疑问，爱因斯坦比喻的贴切性是完美的，莫测高深的相对论在比喻的作用下，变得十分易于接受，这正是比喻化抽象为具体的巨大作用。

在此，我们着重介绍一下比喻中的讽喻法。讽喻的特殊之处在于不满足于本体和喻体间的某一相似点，而是将喻体作为一个完整的内容来展开，通过展开的情节、故事内容和形象的描述等来作为联类取喻的基础。

讽喻的作用主要有两点：一是委婉的规劝，起启发的作用。二是辛辣的讽刺或谴责。

1901年，美国政府向公众宣称，为了保持军队所需的巨额费用，"准备实行节约"，因此，必须削减公立学校的经费，马克·吐温采用讽喻的方法对此提出了反驳："而我们则认为，国家的伟人出自于公立学校。试看历史怎样在全世界范围内重演，这是多么奇怪。我记得，当我还是密西西比河上一个小孩子的时候，曾经有同样的事发生过。有一个镇子也曾主张停办公立学校，因为那太费钱了。有一位老农站出来说了话，说他们要是停办了学校，也省不了多少钱。因为每关闭一所学校，就必须多修造一座监狱。"

学校和监狱，马克·吐温的讽喻可谓无比的传神，至今也依然发人深省。

由此可见，不直接说出自己的论点而是含蓄委婉地用寓言和讽喻的形式表现出来，具有很强的论辩的说服力。

用严谨的语言逻辑说服人

要想成功地说服别人，你需要通过摆事实、讲道理的方法对你自己的观点进行论证。 而你的论证是否有力，很大程度上取决于你语言的逻辑性。 一般来说，善于讲道理的人，常常会利用语言逻辑的力量，用严谨的语言逻辑让对方无力辩驳，从而接受自己的观点和意见。

在生活中，逻辑高手甚至能够利用逻辑的力量赢得自己"心上人"的芳心。

在美国的普林斯顿大学，有一个男生深深地爱上了一个美丽聪慧的女孩，但是，他一直不知道应该如何向她表达，因为，他总是害怕她会拒绝自己。一天，他终于想到了一个追求女孩的好方法，于是，他鼓起勇气，向正在公园里读书的女孩走去。

他对女孩说："你好，我在这张纸条上写了一句关于你的话，如果你觉得我写的是事实的话，那就麻烦你送我一张你的照片好吗?"女孩的第一反应是:这又是一个找借口想追求自己的男生!这种男生,她见得太多了,但聪明的她总能顺利摆脱男孩的纠缠。面对这个男孩,她很有自信:无论他写什么,我都说不是事实,这样不就得了吗?于是,女孩欣然答应了男孩的请求。

"如果我说的不是事实,你千万不要把照片送给我!"男孩急忙说。"那当然!"

于是,男孩把那张纸条递给了女孩。女孩胸有成竹地打开了纸条。但她很快就皱起了眉头,因为,她绞尽脑汁也想不出拒绝男孩的方法,只好把自己的玉照送到了男孩手中。

那么,那个聪明的男孩究竟在纸条上写了什么呢? 其实,他写的只不过是一句非常简单的话:"你不会吻我,也不想把你的照片送给我。"如果女孩承认这句话是事实,那么她就得把照片送给男孩;如果她否认这句话是事实,也就说"她会吻他,也想把她的照片给他"。 总之,不管怎样,女孩都得把自己的照片送给这个男孩。 男孩正是利用了逻辑,使女孩处于两难的推理中:要么否定自己原来的观点,要么否定自己眼前的事实。 既然事实是无法否定的,那么女孩就只能改变自己原来的观点了。

这个聪明的男孩名叫罗纳德·斯穆里安,后来,他成了美国著名的逻辑学家,而那个女孩,在日后顺理成章地成了他的妻子。

在讲道理的时候,充分利用语言逻辑的力量,不仅能达到说服对方的目的,还能充分展示你的才华和谈吐的魅力。

说话靠嘴巴，说服靠技巧

要说服别人，首先要在情理上说服自己。 说服别人的方法很多，但是最主要的一点是自己的说话一定要有道理、有感情、有礼貌。 如果单纯依靠权力和势力去强迫别人按照自己的计划行事，尽管别人慑于你的势力，口中会信誓旦旦一定按照你说的去办，但是心里是肯定不服气的。 一些心理学家认为，要说服对方单单依靠观点正确是不够的，还应当掌握一些谈话的基本技巧。

西方著名的科学家伽利略在年轻时就有着远大的抱负，他立志一定要做一名科学家。但是他的父亲对他的理想和抱负不屑一顾，根本不愿意让他献身于科学。怎么办呢？伽利略思考良久，终于找到了说服父亲的方法。

一天，母亲外出买菜，家里就剩下伽利略和他父亲。伽利略于是抓住这个机会展开了他说服父亲的计划。他首先问了父亲一个问题："父亲，您和母亲是怎样走到一起的?"

父亲的回答简单明了:"我喜欢上她了。"

伽利略接着问道:"母亲是不是您的第一位妻子?"

父亲回答道:"你母亲是我的第一位妻子,那时候由于我家庭条件比较宽裕,家里人要我娶一位富有的太太,因此一致反对我和你母亲结合,但是我那时候铁定心非你妈妈不娶,后来家里人见我心意如此决绝也就没有再反对我们结合了。"伽利略听完父亲的回答后说道:"你之所以不愿与别的女人结合,是因为你只爱着母亲。可是,我现在也陷入了同你当年一样的处境。我深深地爱上了科学,就像你当年喜欢母亲一样,我发誓这辈子除了科学以外,我不会再选择别的行业。为了科学,我可以放弃恋爱,别人都向往结婚生子,别人追求的是一位相貌标致的姑娘,或是一座漂亮高雅的别墅,但是我不同,我所追求的是科学和真理。"父亲没有回答伽利略的话,伽利略继续说道:"父亲,我十分相信我能在科学上有所建树,我也相信我能够成为一名杰出的学者,因为我有足够的才华,也有一颗热爱科学、探寻真理的心。"

父亲说:"我知道你的真实想法了,可问题的关键是我们家庭条件并不好,我没有足够的金钱供你上学。"

伽利略说:"许多著名的科学家、学者当初的家庭条件并不好,但是他们可以靠领取奖学金来读书,我相信只要我努力,也一样可以获得奖学金的。您有那么多对您十分敬重的好朋友,如果您能够主动去寻求他们的帮助,我想他们一定会乐意帮忙的。如果他们问起我的能力和水平，您只要叫他们去问问公爵的老师奥斯蒂罗·利希就可以了。"

伽利略的话终于深深地打动了父亲，父亲说道："我会尽力帮助你去实现理想的。"

伽利略引诱父亲一步步进入自己预先设定好的计划，终于顺利地说服了父亲。最后，他不负众望，终于实现了自己的理想，成了一位令世人瞩目的科学家。

其实，说服别人并不是一件十分艰难的事，只要我们能够恰到好处地将自己内心的真实想法说出来并获得对方的理解，对方一般都会按照自己的计划行事。在我们的生活当中，经常会遇到一些需要说服对方的情况，要想让对方站在自己这一边，就需要一定的技巧，要善于动脑子，管住自己的嘴巴，选择最合适的方式去说服对方。

点到为止，不要唠叨

人们常说：沉默是金，开口是银。 一句简简单单的话语道出了人际交往中的一条重要规律。 身为管理者，在与员工交流时你常常得多开口，但是你有没有想过，你的过于"健谈"已经引起了员工的不满呢？ 其实，适当的沉默，给员工留下一个宁静的空间，让他们想自己该做的事，这才是你处理与员工关系的智慧宝石，巧妙地运用它，你将会得到意想不到的收获。

不要以为一位面面俱"道"的上司，就是一位无微不至的好上司，你的唠唠叨叨、啰里啰唆会使你周围的人把握不住你说话的要点，对要做的事情没有一个清晰的概念，从而在实际操作中没有抓住重点突破，却选择了在细枝末节上下功夫。 也许你是一位心细如发的上司，但是过于细致地对员工叮咛反而会引起他们的反感，他们会认为你对他们没有信心，对他们的决断思考能力还有怀疑。 年轻的员工会觉得你婆婆妈妈，不够爽快利落；年老的员工会认为你不尊重他们，否定了他们的办事能力。久而久之，你便会成为他们厌烦的对象与不愿接近的人。

言简意赅地传达你对员工们的要求和期望，如有必要，再把注意事项交代清楚即可，然后你就可以保持沉默，留一些时间给你的员工们好好考虑具体的步骤。当他们的想法不够准确圆满时，你才可以适当地给予补充，作一次适时的指导，但千万不要剥夺员工发言与思考的机会。

在你批评雇员时，适当的沉默、宁静可以起到"此时无声胜有声"的作用。通常来讲，当你批评员工时，他的情绪波动是很大的。每个人都有自尊心，成年后更是觉得面子是很重要的。也许你只是想苦口婆心地劝导他一番，并无他意。但是无形中你却伤了员工们的自尊心，让他们觉得颜面挂不住，索性产生了"破罐子破摔"的心理，那你的批评岂不是得不偿失？不要到处都充满你的斥责声，在你的适度批评之后保持一个沉默的空间，让他有时间冷静地想想自己的所作所为，相信这更是一种对当事人的威慑。一方面，员工会因为你的"点到为止"感谢你为他们保留了颜面，另一方面也显示出了你宽广的胸怀。你的默不作声并非是对错误的迁就，而是留给了对方自省的余地。

适当的手势，为表达锦上添花

在人与人交往的过程中，适当的手势能辅助语言的表达，甚至比语言表达得更准确，因为人的语言或许会有假，但是身体是不会说谎的。所以，在人际交往过程中，肢体语言能传达真实的内心情感。尤其是手势更能准确地反映人物内心的真实变化，所以一定要多注意手势的表达，避免错误的手势传达错误的信息。尤其在与人交流的过程中，对方关注你的眼神的同时，还会关注你的手。所以，在人际交往过程中，一定要学会用适当的手势来表达情感。那么，到底如何适当地应用手势来传达信息呢？

1. 手势的使用要合乎惯例

在使用手势的时候，一定要注意，你所使用的手势是大家都认可和知晓的，这样，你使用了手势才能准确地传达你想要传达的意思。否则，你使用的手势别人看不懂，不但不能将你所表达的意思传递给对方，还可能会因此而引起误会，引来不必要的麻烦。 比如介绍的手势、指示方向的手势、请的手势、鼓掌的手势等，都有其约定俗成的动作和要求，不能自己想当然地乱用。 一般情况下，当看到自己不了解的手势时，大多数人都会保持沉默，以待观察，或者是从对方的口头语中获得相应的信息。 但是有时候，有些人会误解你的意思，从而做出错误的决定。

2. 手势的使用要适度

在使用手势表达的时候，要适度，不能不用，也不能滥用。 有的人在与人交流的时候，两只手总是安静地待着，一动也不动。 这给别人一种不舒服的感觉。 事实上，人在交流的时候，别人会观察你的身体语言，除了眼神以外，还会观察你的手。 所以，在社交的时候，要适当地使用手势语。当然，也不能滥用、乱用。 不管做什么都要有个度，如果过度了，就会给人带来压力，同样，使用手语也是一样的。 比如说，握手表示欢迎，可是有的人一见面就跟你握，而且握住还不放手。 试想一个人一天之内跟你见三次，还要跟你握三次手，而且每次握住都不放，谁能受得了。 所以，手势语的使用要有个度，不能不用，也不能滥用。

3. 手势的使用要避免"雷"区

手势语的使用也有很多的忌讳。 如果不了解，就会给别人带来不好的印象，给人际交往蒙上阴影。 所以，有必要掌握一些手势语使用的禁忌。 在介绍某人或为他人指路的时候，要使用手掌，四指并拢，而且还需要掌心向上，这样会给别人一种受尊重的感觉。 当然不能用手指对别人指指点点。 生活中的很多人总是在不经意间用食指指人，这是非常不礼貌的做法。 在与人交流的过程中，手势的幅度不宜过大，更不要手舞足蹈。 一般情况下，手势不应该超过对方的视线，下界不低于自己的胸区，左右摆的范围不要太宽，应该在人的胸前或右方进行。 总之，在使用手势语的时候，要多了解禁忌，避免因为自己的不了解而让人产生误会。

说服对方接受你的观点

在与人辩论时，常会遇到别人的意见和自己相左，甚至即使自己的意见十分正确也无法得到他人的赞同的时候，这是很正常的现象。

每一个人都有他自己的思想和观点。这一种思想，是从漫长的生活体验中累积而成的。由于每一个人的生活体验都不大相同，思想也就随之有所不同。这种由实际的生活体验累积而成的思想定式，是很难改变的。人们通常不愿意抛弃自己的思想，而去接受另一种"陌生"的思想。就像是一套穿惯了的衣服或者鞋子一样，是很难予以更换的。

正是由于这个缘故，我们每一个人都很难改变别人的想法。

因此，在语言艺术中，如果想把你的想法"推销"给对方，就要让他"试穿"一下你的想法，看一看适不适合他。合适了，他自然就会抛弃他原有的想法，去接受你所"推销"的新想法。

这一个"推销"观点的过程，就是说服。没有人喜欢接受别人的推销，或被人强迫去做一件事。我们都喜欢按照自己的意愿购买东西，或照自己的想法行动。因此，说服别人是要讲究方式、方法和技巧的，而不是僵硬地把你个人的想法强加给对方，那只是"说"，而不是"服"。要想成功地说服别人，不妨从以下几个方面着手：

1. 循循善诱

所谓"循循"就是指有步骤地、耐心地诱导对方思考；所谓"诱"，就是启发开导；所谓"善"，就是说要"诱"得恰当、巧妙，使对方心悦诚服。

2. 借此说彼

利用两个事物之间的某一相似点，借甲事物来说明乙事物，不仅通俗易懂，而且具有很强的说服力，往往能收到事半功倍的效果。

3. 有目的地提问

通过提问可以了解情况，发现问题。如果想要利用提问去改变对方的想法，那么，就不要漫无目的乱发问，一定要有计划、有目的地提出问题才行。尤其是你所提的话题正是对方所擅长的时候，那比直接地去称赞他更有用。

4. 吊一下对方的胃口

当你正说着某一件事的时候却突然中止，由于好奇心，对方的胃口就被吊了起来，这样你就很容易达到你说服的目的。

5. 不同的人不同对待

人与人是不同的，每个人都有他独特的行事方式，喜欢这样而不喜欢那样。因此，你必须调整自己以适应不同的人，才能在说服过程中占据主动。

6. 证明自己的实力

要能说服别人，必须自己先在这一方面有一定的实力，别人才会真心实意地相信你。一个在商战中屡战屡败的人，还能说服谁为他投资呢？

7. 晓之以理，动之以情，衡之以利

这是最常用的说服方法。晓之以理，就是讲道理。在辩论说服的过程中，对对方进行多方面的心理攻势，并辅以严密的逻辑推理，水到渠成地得出结论。这个结论不宜自己单方面推断出来交给对方，最好以征询意见的口气引导对方同你一起来推理，共同探讨得出结论。通情才能达理，不着痕迹地对他人施加影响，引发对方情感上的共鸣，在不知不觉中为对方接受你的意见扫清了障碍，铺平了道路。所谓"衡之以利"就是权衡利弊得失，讲清利害关系。人生在世，要求生存与发展，必须满足各种各样的正常需要。利益在先是我们说服他人的起点和归宿。不管什么事，要想说服别人，应该有意识地把对方的利益摆在前头，并要联系对方

的利益去讲道理。只有看准了对方的真实需求，说服才能有的放矢，也更能令人心悦诚服。

如果你对自己把握观点、改变别人这一能力感到怀疑，那么无论你的想法准备得多么充分，都是毫无用处的。花费时间和精力来筹划你的观点和想法时，要毫不隐讳地从帮助和支持别人的愿望出发。一定不要自我怀疑。如果你老是认为"这不值得做""那不重要"或者"总有人会说些什么"，那么你就是在压抑自己，在削弱你的说服愿望。

说服不仅仅是一种理论上的技能，它还可以检验你的能力。你必须带着极强的自信去做，那样才能引导别人按照你的方式去思维。面对暂时的挫折和打击，绝不能减弱或丧失你内心的信念。坚定的信念是说服的基础。

在说服过程中需要注意的是，你说服别人的原因不是简单地想去证明你的观点是对的，或是满足你的私心。你说服别人的目的应该是传播美好的意愿和思想。这样做，你和你的说服对象都将是赢家。试想一下，如果你的说服对象照你所劝说的方式去做，后来被证明是错的，那么下一次你就没有了信誉。更糟的是，如果你让他人感到愤慨和懊恼，他们将再也不会信任你。

第七章

5 招让你迅速成为职场达人

别在同事之中出风头

在同事之中出风头的行为是愚蠢的。 如果你在同事面前刻意表现自己，大出风头，想使别人对你感兴趣，你将永远不会有许多真实而诚挚的朋友。

善于自我表现者，时常既表现了自己又不显露声色。 他与同事谈话时喜欢使用"我们"而很少用"我"，因为"我"会给人带来距离感，而"我们"则能使人感到亲切。"我们"代表着他也要参加之意，能给人一种"参与感"，还会在不显山露水中将意见相左的人划分为同一立场，并按照自己的意图影响他人。

善于表现自我的人从没有停顿的习惯。 因为停顿的语气可能被视为犹豫，也可能会让人觉得是一种傲慢，会招致别人的反感。

其实，表现自己并不为错。 在当今社会中，充分发挥自己，充分表现自己的优势与才能，必须能够适应时代的挑战。 然而，表现自己需要分场合、形式，倘若过于表现，使

◇ 不轻易在同事中出风头 ◇

甲乙丙三人在办公室打扫。甲乙在认真拖地，丙站着不动，还抱怨道："经理为什么让我们干这种粗活儿啊，找个保洁不就完了？"

你别偷懒了，我刚才从窗户看到经理已经到楼下了，他估计马上就要进来检查。

就算我不在，小吴也干得这么卖力，你俩多跟他学习学习。

你也太会找时机干活儿了吧，我俩反而成了领导眼中不干活儿的人了。

一时出风头确实令人感到风光无限，但长期来看却容易使得你和同事离心，造成大家都不愿意和你继续合作的结果，反而是得不偿失。

人看上去很造作，不自然，似乎是做样子给别人看一样，那就最好别表现。

　　汤姆是某大公司的高级职员，工作主动、待人热情。但是有一次，一个小小的动作却使他的形象在同事眼中大打折扣。

　　在会议室中，很多人都等待着开会，其中一位同事发现地板有点脏，便主动拖起地板来。而汤姆却一直站在窗台边往楼底下观看。忽然，他急忙走过来，叫那位同事将手中的拖把递给他，同事不愿意，可汤姆却执意要求，那位同事只好将拖把递给他。

　　汤姆将拖把拿到手不大工夫，总经理推门进来了。他正拿着拖把勤恳地拖着。从此后，大家看见汤姆，马上觉得他十分虚伪，先前的良好形象被这个小动作毁坏了。

在工作中，往往有很多人不能掌握热忱与刻意表现间的区别。很多人将满腔热忱的行为做得好像是故意装的，也就是说，这些人学会的是表现自己，而不是真正的热情。热情并不代表刻意表现，在应该拼搏的时间拼搏一场，在需要关心的时候关心他人。

实际上，自我表现是人类天性中最重要的因素。人类喜欢表现自己就如同画眉喜欢炫耀歌喉一般正常。但刻意的自我表现往往会使人感到虚伪，最终的效果与表现的人所期望的正好相反。

在公司中，不管你如何有才华，切不能恃才傲物，不可因自己太强的个性，而成为别人眼中的"另类"人物，因为"另类"的人时常不受同事们欣赏。

丹佛尼是一家广告公司的优秀员工，他主持的多套广告策划方案为公司带来了很好的效益。遵照常理来说，丹佛尼的资历与能力早应该得到提升，可他仍是一个普通的职员。他总喜欢在同事面前出风头，在他眼中，公司里平庸之辈十分多，张三李四都是他评说的对象，就连老总们他也不会放过。于是，每到考核的时候，同事们都说与他不容易共事，并表示自己不会到他所负责的部门去工作。这样一来，丹佛尼便成为孤家寡人，而老总们每当谈论到他，也总是无奈地说："可惜丹佛尼个性太强了！"

因为丹佛尼爱出风头的个性，他在其他同事眼中成为一个喜欢与人过不去的"反对派"，被人视为有工作能力却又不能共事的"另类"，所以每到关键时候，同事们都不会为他说好话，他的晋升当然就无门了。

可以看出，丹佛尼没有得到升迁的原因，就在于他爱在同事面前出风头，是喜欢刻意表现自己的个性影响了他的事业。

学会与不同形态的人交往

一个人在人生的路上，都会遇到不同的人。当然，你不可能和所有的人都成为朋友，但你应该学会怎样与各种人交往。

我们的生活由不同的人组成，只要活在社会上，不管日常生活、工作，还是创立自己的事业，都会和别人产生一种互动关系。也就是说，人是靠彼此互助才得以生存的，即使是流落荒岛的鲁滨孙也都要有一位名叫"星期五"的伙伴，更何况身处竞争激烈、人际交往频繁的现代社会中的我们？

交往是生活的必需，也就是说，我们谁也避免不了与人交往，而交往的人必然各种各样，他们交织在你的工作、学习、生活和情感中。有人将一生交往的人，分为以下三种：

第一种是欣赏你，理解你，器重你的人；

第二种是曲解你，与你产生分歧，甚至中伤你的人；

第三种是与你互不相干的人。

第一种人对你有知遇之恩，你可以与之为师为友；第二种人给你伤害，你只需远离他，而不必与他计较，更不该为此而苦恼；第三种人与你无关痛痒，你大可与之和平共处，以礼待之。

当然，这三种人里面，又有很多不同之处，我们根据人物一般所呈现的四种形态：内方外方，内方外圆，内圆外圆，内圆外方，分别阐述怎样与这些人交往。

1. 与内方外方的人交往要委婉、诚实

一般来说，内方外方的人喜欢直来直去，有棱有角。他们性格耿直，情真血热；这样的人处世认真，不留余地；做事投入，过于突出；活力四射，难免张扬。他们坚持是我的错，我就承认，绝不东推西挡；是你的错，就是你的错，想赖也赖不掉。这种形态的人，便是内方外方的人。表里如一、秉公立世，是对这些人的真实评价。

与这种人交往，一要委婉。内方外方的人做事不灵活，言辞不变通，往往会使别人陷入难堪境地，所以和他们交往，要注意婉转。当看到内方外方的人口无遮拦，尖锐抨击时，要采用一个合适的方式转移主题，或者幽上一默，赞扬一句，巧妙地加以引导。内方外方的人是心地纯正、刚直无私的人，不应该因为他们曾经"刺伤"过你，就和他们计较，就对他们发火。

二要诚实。内方外方的人不会阳奉阴违，不会口蜜腹剑，是值得信赖、值得尊重的人物，所以要待之以诚，关心爱护。假如对他们虚伪猜忌，往往会使他们产生强烈反感情绪，并且他们还会把这种不满表现在脸上，使你们之间的心

理距离加大。

2. 对内圆外方的人要变通行事

这样的人通常比较虚伪，生活大舞台上，他们是出色的演员。 他们很会包装自己，如果剥开这层包装，就会原形毕露。 "金玉其外，败絮其中"是对他们的恰如其分的评价。

同这种形态的人物交往，要灵活变通。 由于他们嘴上一套心里一套，所以和他们打交道，既不能不听他们说的话，又不能完全相信他们。 如何交往，运用什么策略，采用什么方式，说出什么内容，要根据当时情况灵活变通，切不可被他们的"精彩论述"迷住了双眼，进入了他们设计的圈套。与这类人交往，首要的任务是根据各个方面的信息，分析出他们的真实内心，然后再对症下药，巧妙引导。 如此的话，就能够把他们带到正确的交往轨道上来。

3. 对内方外圆的人要有礼有节

内方外圆的人洁身自好，处世练达，谨小慎微，既有原则性，又有灵活性。 因为聪明强干，而又锋芒不露，喜怒不形于色，所以四平八稳，八面玲珑，在复杂的人际、利益关系中，亦往往游刃有余。 在大厦将倾之际，内方外圆的人会和内方外方的人共同构成支撑濒危建筑的梁柱。

同这种形态的人物交往，一要有礼有节。 内方外圆的人虽然表面随和，但内心却是厌恶粗鲁，仇视邪恶，无礼无理的人是不能和这类人结为至交的。 如果想缩短同这类人的心理距离，就必须表现出你的积极、健康、向上的交往心态。

耻于见人、低三下四的言行举止，尽量在这些人面前少出现，如此，才能得到这类人物的认同。 二要有节有度。 内方外圆的人，即使对他人相当反感，也不会把不满情绪表现在脸上，他表面上对你很友好，但他的内心究竟如何却使你捉摸不透。 因此，同他们交往，要讲究分寸，把握适度，不要因为他的脸上挂着微笑，就得寸进尺，忘乎所以。

4. 对内圆外圆的人要有板有眼

这样的人可以说是社交的高手，他们长于研究"人事"，偏重于个人私利，该低的头就低，该烧的香就烧，该拉的关系就拉，该糊涂的事就糊涂，该下手时就下手。 他们遇到好事、露脸的事、有利的事，就去抢；遇到坏事、无名的事、无利的事，就去推。 与内方外圆的人不同点是，他们一般不会同情弱者，救济穷人，甚至为了私利，还会算计人，歪曲人。 这种人的代表，当属一些市井无赖，街头小人。 由于他们缺少顶天立地的气概，所以一般不会成大器。

同这种形态的人交往，要有板有眼。 他们内心深处一般没有做人的规则需要遵守，他们也时常爱用表面华丽亮堂、实则损人利己的伎俩。 对他们的不当做法，应该明确指正，不要因为太爱面子，便不好意思将实情说出口，使自己受委屈。 另外，与内圆外圆的人合作，要有所保留，有所提防，不要过于相信他们。 内圆外圆的人非常清楚自己的缺点，所以也害怕别人不讲义气，不守诺言。 因此，和这样的人打交道，要清楚地示意他们：如果你讲信用，那么我就守诺言。在这种做法引导下，能够使他们在正确交际轨道上行驶。

多听听不同意见，你更有主见

心理学家罗西和亨利曾做过一个著名的反馈效应心理实验：

他们把一个班的学生分为三个小组，每天学习后对他们进行测验，之后分别给予不同的反馈方式：每天告之第一组学习结果；每周告之第二组学习结果；不告诉第三组学习结果。两个月后，他们又把第一组和第三组的反馈方式对调，第二组反馈方式不变。又过两个月后，他们发现，第三组的成绩有了明显的进步，而第一组的成绩则呈下降趋势，第二组成绩稳步上升。

这个实验说明了什么呢？它表明了学习者若能及时掌握自己的学习结果，可调动他们的学习积极性，对成绩的提高也大有益处，而且及时反馈比远时反馈效果更好。

反馈效应在生活中普遍存在着。人们通过他人的反馈来调整自己的行为。通常积极反馈总是受人欢迎的，消极的、否定的反馈会让人觉得不舒服。反馈也是沟通的过程中或沟通结束时的一个关键环节，不少人在沟通过程中不注意、不重视或者忽略了反馈，结果沟通效果打了折扣。比如，不少人在沟通中都以为对方听懂了自己的意思，可在实际操作过程中却与自己原来的意思大相径庭。其实，在双方沟通时，多问一句"您说的是不是这个意思……""请您再说一下，好吗？"问题自然就解决了。

反馈效应提醒我们，有效的反馈机制是活动目标达成的必要条件，对于别人的活动必须及时地反馈调节。无论做什么事，我们都采取多种多样的手段即时地搜集和评定活动效果，如观察交谈、现场提问、效果评价等，然后及时反馈信息，随时调节活动过程，对存在的问题要有针对性地讲解疑难，不使问题累积。

谁都不可能是面面俱到的专家，难免存在"知识盲点"。因此，重视反馈效应，多听听不同的意见，以博大的胸襟包容"不同声音"，才能在"不同意见"中开阔视野、明晰思路，更全面地考虑和解决问题，也容易做出最明智的决定。反之，如果凡事都搞"一言堂"，极易造成决策失误，贻误良机，造成无法挽回的后果。

把荣耀的桂冠戴在他人的头上

没有人不喜欢花环、掌声，当你把荣耀的桂冠戴在他人的头上时，你就可以从他那里得到好处，这就是在任何时候都适用的双赢定律。双赢定律其实是一种很高的智慧，在给予别人的同时也接受别人的帮助，双方最终将获得独自奋战所不能拥有的东西。双赢就是各有所得，皆大欢喜。很多时候我们所拥有的东西，也是别人所羡慕的，而别人所拥有的，也正是我们所缺乏的，在这种情况下，如果我们懂得主动地把自己的所得赠予他人，则能换回自己所需要的，而这样做双方都不会损失什么，相反还会拥有更多。在 16 世纪时，很多科学家的处境都很艰难。意大利天文学家及数学家伽利略就是其中之一。当时，由于缺乏经费，伽利略的研究和生活都很困难，为了获得当权者的支持，伽利略决定把自己的发现和发明当作礼物，送给当时的一些权贵们，希望从他们那里得到赞助，以便自己继续从事研究工作。

1610 年，伽利略发现了木星周围的卫星。他把这个发现集中呈献给当时最有权势的寇西默家族。伽利略在寇西默二世登基的同时宣布，自己从望远镜中看见一颗明亮的星星（木星）出现在夜空上。伽利略表示，卫星有 4 颗，代表了寇西默二世与其三个兄弟；而卫星环绕木星运行，就如同这 4 个儿子围绕着王朝的创建者寇西默一世一样。

在将这项发现呈献给寇西默家族的同时，伽利略委托他人制作一枚徽章——天神朱比特坐在云端之上，四颗星星围绕着他。伽利略把徽章献给了寇西默二世，象征他和天上所有星星的关系。

寇西默二世获得这巨大的荣耀后，很是高兴，他立即任命伽利略为其宫廷哲学家和数学家，并给予全薪。这对一名科学家而言，意味着有良好的物质条件去从事研究工作了，就这样，伽利略贫穷困苦的日子终于结束了。伽利略恰到好处地运用了双赢策略，贵族们获得了名声与荣誉，自己也获得了物质上的帮助，从而能够继续从事科研活动。遗憾的是在现代生活中，很多人还不懂得双赢策略的重要性，在与人交往时，他们只是一味抱怨别人不付出、不帮助自己，却没有想到过要主动把自己所拥有的而且是别人希望得到的与人分享，因此人际关系很糟糕，始终没有找到改善的方法。

工作中你所取得的成绩，会给你带来一定的荣耀，在荣耀到来时，你一定要把这份荣誉归功于上司、同事，把鲜花让给他们戴，把众人的目光引到他们身上，否则，独享荣耀的后果，会严重影响你在公司的人际关系。

亚尔曼很有才气，编辑的杂志很受欢迎，有一次还获得创新奖。一开始他还很快乐，但过了一段时间，他就失去了笑容，他告诉一位朋友说，他的上司和同事最近常给自己脸色看，甚至单位的一些集体活动都没有人通知他参加。

这位朋友问清楚他的情况后，知道他犯了"独享荣耀"的错误，原因是这样的：

亚尔曼得了创新奖，除了新闻部门颁发的奖状之外，杂志社另外给了他一个红包，并且当众表扬他的工作成绩。但是亚尔曼并没有在现场感谢上司和同事们的帮助，更没有把奖金拿出一部分请客，大家虽然表面上不便说什么，但心里却感到不舒服，所以就和他作对了！

从这里不难看出，假如亚尔曼不独享荣耀，主动和上司、同事一起共享，就不会出现人际关系上的危机。

学会适度抬高别人

结交朋友，发展关系，不光要抬高别人，还要放低自己。福特公司的创始人福特就是一个很会放低自己的人。

1923 年，美国福特公司有一台大型发电机不能正常运转，公司里的几位工程技术人员百般努力都无济于事，福特焦急万分，只好请来德国籍科学家斯特罗斯。斯特罗斯来到福特公司后，爬上爬下地在电机的各个地方静听空转的声音，然后用粉笔在电机的左边一个长条地方划了两道杠杠儿。

"毛病出在这儿，"科学家对福特说，"多了 16 圈线圈，拆掉多余的线圈就行了。"技术人员照此一试，电机果真奇迹般运转起来了。大家对斯特罗斯表示非常的感谢。"不用谢了，给我 1 万美元就行了！"斯特罗斯说。"天呐！划条线就要 1 万美元？"技术人员大吃一惊。"是的！"斯特罗斯傲慢地说，"粉笔画一条线不值 1 美元，但知道该在哪里画线的技术超过 9999 美元！"

看着傲慢的科学家，福特不仅愉快地付了 1 万美元酬金，并且表示愿用高薪聘请他。谁料，科学家毫不心动，他说现在的公司对他有恩，他不可能见利忘义去背叛公司。

福特一听，干脆花巨资把斯特罗斯所在的公司整个买了下来。以福特的地位和财势，竟敢于"丢下面子"忍受斯特罗斯的傲慢和冷嘲热讽，这是因为福特清楚成大事者必须以人为本，而斯特罗斯就是他取得更多财富的无价之"宝藏"。为了留下这座"宝藏"，福特竟然花巨资买下了他所属的公司。看来，要想求人必须厚起脸皮，放下身段。

因此，要想让别人喜欢你，就要放下架子，以诚恳平易的心态对待他人，才能够为自己打造融洽的人际关系。

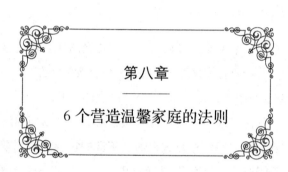

第八章

6 个营造温馨家庭的法则

学会享受真正成熟的爱

人们总是说"爱是盲目的"，这句老话其实是最容易误导人的，我们只有擦亮爱的眼睛，才能看清楚身边的人。

在我们身体内部，都有一个"冷漠的自我"，有一个因为担心受到伤害或误解而宁愿隐藏起来的"敏感而封闭的自我"，我们会采用各种方式来伪装和保护它，例如沉默、害羞、进取、坚强，等等。然而，我们内心却又一直希望能有人帮助我们发掘这种内在的真正自我。爱就具备这种力量，它可以透视人心，具有特殊的洞察力，能为"她爱他什么?"这个永恒的问题找到答案。

作家罗伯逊曾给"爱"做过这样的定义：

爱包含了给孩子们所需要的独立，而不是那种"家长作风"式的剥削和专制；

爱包含了各种性关系，但并不是青春期的狂乱追求的利用；

爱包含了给你所爱的人需要的东西，是为了他，而不是

为了你自己——想想当别人把你需要的东西送给你时的感受吧；

爱包括那些曾经让你了解自己是哪种人、你会成为哪种人的少数几个人，例如你的老师和朋友；

爱还包含了善良，包含了对全人类的关怀。它不是在一个人需要面包时投之以石头，也不是在他需要理解时给他面包。

要想学会爱，我们就应该关心我们所爱的人的成长和发展，肯定和鼓励他们个性化的存在，尊重他们的本性，创造自由自在的气氛——这些都是"爱"所应具备的态度。爱，可以为他人提供在"爱"中成长的土壤、环境和营养。

"嫉妒"经常被人们拿来和"爱"相提并论。实际上，嫉妒是人们缺乏激发自己情爱能力的结果，是占有和驾驭他人的消极欲望。如果我们用付出来取代这种消极欲望，就能克服嫉妒。

我们来看一个女人是如何克服嫉妒、学会爱别人的：

10 年前，我陷入了嫉妒的深渊而难以自拔。我担心会失去自己的丈夫，虽然他并没有任何迹象值得我嫉妒的。如果真是这样的话，我反而不会那么痛苦了，因为这样一来，我就可以减轻自己因为恐惧和神经质而想象出来的羞辱感。我就像所有愚蠢可笑的妻子做的那样，搜查丈夫的口袋，检查他的汽车烟灰缸里的东西。我还经常整夜整夜地哭，到了白天又会产生新的猜忌。

一天，我一照镜子，突然看见了一个令人讨厌的人，这个人就是我——头发乱糟糟的、脸色灰暗、衣服像套在一个扫帚把上的大袋子！"海伦，"我问自己，"你担心丈夫离开你。可是，这是他的过错吗？你该怎么办？"我决心制订计划，来改变自己。

我开始减少做家务的时间，更加注意自己的仪表。我每天还会适当地休息，好增加自己的体重。我还找到了一份化妆品推销的工作，学会了如何使用化妆品。当我的外表开始出现变化时，我内心的感觉也逐渐变得好起来，我的态度也渐渐改变了。我丈夫也看出了我的各种变化，他做出了相应的反应，彻底打消了我的疑虑。就这样，我将原来浪费在嫉妒上的精力放在了别处，使自己成了丈夫希望看到的妻子。

这个女人在明白了爱不是强迫，而是需要肯定之后，又重新获得了爱的能力。当占有、嫉妒和支配之类的消极因素占据我们内心的时候，我们对他人真实的爱就会逐渐消失。这就好像任由野草蔓生而不去清除，那么世界上最漂亮的花园也会一片荒芜。

成熟的爱，就是耶稣所说的"爱邻如爱己"，也是柏拉图在《对话录》中所阐释的爱："从对一个人的关系开始，延伸到全人类和整个宇宙。"无论是夫妻之间、父母与子女之间，还是个人与全人类之间，爱的要素都是永远不变的。人与人之间的真爱不会阻碍人的成长，它肯定了人类其他方面的人格，有助于促进人的成长和发展。

美国婚姻顾问协会主席斯通博士曾指出：大多数人所谓的

"我爱……"，其真实含义往往是指"我要……""我渴望拥有……""我从……获得了满足""我利用……"或者"我深感罪恶"。科学家们认为，这些都是不真实的"假爱"。

还有许多父母把"爱"当成放纵孩子的借口，实际上他们这样做只是溺爱，对于孩子的成长并没有什么好处。纽约的杜布斯波克儿童村，一直致力于重新训练那些需要指导的问题儿童。该机构主任史泰龙说："我们每天都要解决好几起因为父母将'爱'与'姑息'搞混淆而导致儿童受伤害的事件。"

心理学家格林布拉特说："如果一个孩子能接受爱的教育，那么他就能懂得自爱和爱他的家人，直至他能够以博爱的胸怀去真诚地爱所有的人。"

卡耐基认识这样一些父母，他们常常对女儿的婚姻感到不平——没别的，就因为他们的女儿想要嫁到某个遥远的地方。卡耐基记得有这样一位母亲曾悲叹说："为什么詹妮就不能找一个本地的男孩子结婚呢？那样我们也能常常见到她啊。你看，我们为她操劳了一辈子，而她却这么来报答我们，嫁给了一个把她带到千里以外的男人！"

如果你说她这样做不是在爱她的女儿，她一定会很吃惊。的确没错，她混淆了"占有"和"满足自我"与"爱"之间的区别。

爱的真谛，不在于紧紧守住自己所爱的人，而是放手让他远走高飞。一个成熟的人，不会占有任何人的感情，他会让自己所爱的人得到自由，就如同让自己获得自由一样。"爱"是存在于自由之中的。

聪明男人会说女人爱听的话

女性最愿意与哪种类型的男性交往呢？ 女性最关注的并非男性的长相，也非教养、学识等条件，她们最喜欢与夸奖女性、重视她的男性交往接触。 知道了女人的这一特点，男人想讨女人欢心就能做到有的放矢了。

追求青春永驻，是女人共有的天性。 男人在应酬当中，如果适当地、及时地赞美一下周围的女性，相信会有预料不到的收获。

没有哪个女人会因男性恭维自己、夸奖自己而愤怒或厌恶对方，除非这个女人明知自己的容貌并不怎样，而那男人却说："小姐，你美如仙子！"其实，即使这个女人嘴上不高兴，其内心也是充满幸福和快感的。 因为，这事实上是一种对其价值的肯定。

不论从什么角度来看，女性似乎都有一种独特的气质。有些人是高尚优雅，有些人是天生丽质，不论哪一方面，身为女性总有足以自豪的地方。 身为男性，你不妨试着寻找对方某些与众不同的地方，然后就这个加以称赞，它所产生的功效会更大。

或许有些人对自己某方面的魅力并没有察觉到，但就在潜意识中，或多或少都会有着自豪的成分。所以针对这些微小的"长处"加以称赞，对方会觉得你很关心她，为人十分细心等。

如果你对一般已被公认为"美人"的人说："你很美。"对方不见得会显得特别高兴，因为你的称赞已是别人公认的事实，所以不会给对方一种意外感，对方对你的感觉印象也不会因此而强烈。

即使有些人看来好像自卑感很重，但对某些事情还是会有着强烈的自我陶醉的情绪。

说到这里，若我们想称赞女性，但又不知如何启口时，我们或许可以从这几个方面称赞："好漂亮的手指！""你穿这套衣服显得特别的迷人！""你的字写得非常漂亮。""你的小皮包很漂亮。"当我们这样称赞她的时候，已经足以显示我们的热心了。

我们在夸奖男性的时候，从背后夸奖，经由他人传达至当事人耳里，最具效果。但夸奖女性则恰恰相反，无论哪种场合，都应当面毫不犹豫地直接称赞，而且要不厌其烦地应用各种方式。

保持情感交流的畅通

人在结婚前不认为"婚姻是爱情的坟墓"，等到婚后却慢慢地发现这个格言。他们觉得爱情不过是谈恋爱时的事，一旦建立了家庭，最重要的是过日子。就是这种错误的观念，才使得上述的格言成立，而且也导致许多家庭因此破裂。

有这么一个家庭，刚成家时，夫妻俩恩恩爱爱，双方各自在社会上算是位居中等以上的阶层，是人人称羡的好家庭。妻子时常以此而自豪，觉得自己找到了一位好老公。

谁知结婚不到三年，丈夫突然吵着要和她离婚，妻子百思不解，不知道自己究竟做错了什么，怎么让丈夫气得非得分手不可。

憔悴的妻子把事情跟她的一个好朋友说。正好她这位好友对家庭问题颇有心得，于是为这妻子出了一个简单易行的小点子——以后凡是见到丈夫，不管人前人后，一律改口用过去的昵称叫他。

这算什么"招数"？

这位妻子愣了好一会儿。她在和丈夫谈恋爱时，自创了一个叫丈夫的昵称，那时候，她从不叫他的名字，都用这个昵称叫他。婚后，不知道什么时候开始，她渐渐觉得用昵称叫先生太肉麻了，于是改叫他的真名。现在，她的朋友却要她再回头用昵称叫丈夫，她觉得有些别扭，不知是否叫得出口。叫了后，先生又会有什么反应？

朋友劝她，既然别的办法试了都无效，不妨试试这个办法。"死马当活马医"，反正也不会有什么损失。她虽然不抱希望，但又觉得也许这个朋友的办法自有其道理，索性就试试。当天做晚饭时，妻子趁着要丈夫去买酱油的机会，"小陆陆"，用昵称叫了他一声。没想到这么一个小小的昵称，却有神奇的效果。丈夫不但马上"奉旨"去买酱油，还主动帮妻子在厨房切水果、炒青菜。这可是两人闹离婚以来，她从不敢奢望的事呀！没有多久，丈夫便在妻子一声声的亲昵称呼中，打消了离婚的念头，夫妻之间的冰墙急速溶解，两个人很快便和好如初。

世界上最孤独的事，莫过于只有肉体接触而没有感情交流，中断了感情沟通，婚姻关系便亮起红灯。 上述的例子里，那位妻子的朋友所教她的妙招，简单地说，就是让妻子以昵称来恢复与丈夫的情感交流。

我们若能进入别人家仔细观察，便会发现，恩爱的夫妻常善于用各种不同的方式向对方表达爱意，这种感情的交流是夫妻关系不断深化的根本。

许多夫妇对此颇有创意。有一对夫妻为加深彼此的感情，自创了一种写"夫妻日记"的方法。两人在同一本日记中，敞开心扉，无所不谈：如何增进感情，对家庭与对方的眷恋，讨论支出与收入的平衡……通过日记这个媒介，相互传达深切的感受，温暖——甜蜜——爱意，让婚姻生活协调和融洽。

另一对夫妻则用"庆贺宴会"的方法，凡是碰到有纪念意义的日子，或是夫妻俩谁获得什么成就、拿到什么殊荣，他或她就为对方举行小型的"宴会"，以示庆贺。不一定非得大张旗鼓，不过是冠个"宴会"的名称，在自家的餐桌上，摆一些美丽的餐具，做几个被祝贺者最喜欢的菜肴，外加一瓶美酒，简单之至。重要的是，这种宴会搭建了绝妙的舞台，让夫妻双方能在美丽的气氛下交流彼此的情感。

结婚以后，大多数做妻子的往往只用行动表达对丈夫的爱意，很少说一句"我爱你"。

虽然有些很默契的夫妻，可以用行动传达比语言更丰富的情感，但这样的夫妻毕竟是少数，况且，即便是这样的夫妻，也经常需要语言的辅助，才能充分地传达情意。更不用说处于调适阶段的年轻夫妻，光用行为传达信息，对方常不能感受得很清楚，因此，就应该常用语言明白地表露情感。

此外，人们常会因为彼此太过熟悉，而忽略了言语沟通的必要，久而久之就养成压抑语言沟通的习惯，造成双方都无法察觉彼此感情需求的结果。 不知道彼此的感情需求，又会反过来更加压抑情感的表达，如此恶性循环，两人的关系便越来越冷淡了。

与丈夫保持畅通的情感交流，是妻子"对付"丈夫的关键性第一招。 丈夫生日、结婚纪念等日子，买个小礼物送他，或准备个烛光晚餐。 随时随地，只要心中有爱，就轻轻地向丈夫说声"我爱你"。 保证你的丈夫即使离家在外，想必也无时无刻不归心似箭。

夫妻要互相欣赏与赞美

夫妻间若想始终保持鱼水交融的爱情，就要学会善于发现和欣赏对方的长处，善于肯定对方的成绩。任何人都不会排斥真诚欣赏自己的人，你以惊喜的目光欣赏对方，对方也一定会以诚挚的表达给予回报。

热恋中的青年男女，总是以互相欣赏的目光，走进两人朦胧、甜蜜而又温馨的世界；婚后，这种朦胧消失了，于是相互欣赏的目光也有些呆滞，甚至有些挑剔了。这时，夫妻双方往往会出现一些摩擦和矛盾，因此彼此之间也就少了一点甜蜜和温馨。

在恋爱期间，男女双方的心理期待难免有些浪漫色彩：女方希望自己的情侣是完美无瑕的"白马王子"，男方希望自己的恋人是美丽绝伦的"白雪公主"。婚后，双方的心理期待会比较现实，周而复始的家务劳动代替了花前月下的窃窃私语。由浪漫到现实所造成的反差，往往会使夫妻关系出现不和谐的"变奏"。

事实证明，两情相悦的恋人，结婚后未必是一对美满幸福的好夫妻。其中的原因很多，但最根本的原因是不了解恋爱心理和婚姻心理的本质区别，没有进行从恋爱心理到婚姻心理的适当调整。结婚之后，仍然用恋爱心理所形成的眼光看待生活、理想、夫妻关系与生活方式，不能实现角色的顺利转换，婚姻心理素质迟迟难以建立和完善，因而夫妻关系出现了种种裂痕，这便需要及时修补。

那么，该如何做才能维护好你的幸福爱情呢？那就需要夫妻之间能够做到互相欣赏与赞美。夫妻间也要善于发现和欣赏对方的长处，要善于肯定对方的成绩。因为任何人都不会排斥真诚欣赏自己的人，你以惊喜的目光欣赏对方，对方也一定会以诚挚的表达给予回报。

欣赏与赞美的力量是神奇的。爱情的真正魅力在于两个相爱的人相互欣赏赞美。社会是个大舞台，每个人的一生，都是在这个舞台上没完没了地使劲表演。所以说人是属于社会的，每个人在终生的表演中，都期待着别人的注视与关切，喝彩和鼓掌。因为只有从别人的欣赏与赞美中，才能比较容易地重新认识自我，并得到对自我的肯定，从而感受到生活的坦诚与美好。

如果生活中多的只是沉默、孤寂、埋怨，那必定索然无味。自然，欣赏赞美和阿谀奉承是风马牛不相及的。欣赏来自真诚，赞美源于欣赏。欣赏赞美别人，是一种高尚的情操，是现代社会文明人应当具有的修养。

夫妻间应该多一些欣赏和赞美。皮格马利翁的故事值得夫妻们永远重温，故事是这样的：很久很久以前，塞浦路斯有一位名叫皮格马利翁的雕塑师，他十分欣赏自己精心制作的爱情雕像，欣赏其每一个部位，欣赏她迷人的表情，以至于爱上了她。皮格马利翁恳求维纳斯，请她为自己所欣赏、钟爱的石制雕像赋予生命。最后，雕塑师和自己的作品喜结鸾凤。婚后，皮格马利翁从妻子对自己的欣赏赞美中，获得了巨大的艺术力量。后来，萧伯纳借用这个美好的故事，编写了名叫《皮格马利翁》的戏剧及《我美丽的小姐》的音乐剧。在这两个剧本中，一个名叫伊里莎·杜丽特尔的暴虐、孤僻的女人，被那位教师用他不断的欣赏和赞美，逐渐将其训练成了一名美丽而迷人的姑娘。

由此可见，夫妻双方在婚后，没有理由将婚前对对方的欣赏与赞美收回；更不能因为缔结婚姻，而忽视用欣赏和赞美来巩固感情，增进爱情。因欣赏而吸引相恋结合，这可能是短暂的；因赞美而使夫妻相敬如宾、恩恩爱爱、甜甜蜜蜜却是永久的。生活中，夫妻间彼此都会把对方的一次称赞、一个眼神、一个微笑储留心底。

妻子的几句赞美，毫无疑问必将大大调动丈夫洗衣做饭的积极性，尽管他洗的衣领口、袖口还脏，尽管他做的饭菜也咸得难以入口，但他毕竟迈出了可喜的第一步。当妻子默默地随着生活负担的加重，一日三餐或白菜咽饭或咸菜就馍，但她却把煮熟的鸡蛋悄悄塞进丈夫的衣袋时，丈夫切莫将其简单地归结为"中国女性传统之美德"而处之泰然，而应该对妻子的关心赠之以欣赏，回之于赞美，报之以爱抚，馈之于体贴。

互相欣赏的反面是互相挑剔，是吹毛求疵。有些夫妻关系紧张，一个重要原因就是他们只知道挑剔而不知道欣赏。有些人谈恋爱时看到的都是对方的优点，可是一旦结婚，看到的却都是对方的缺点。这种眼光的转变，正是婚姻走向悲剧的开端。的确，既然你选择了现在的爱人，那么你一定是欣赏他（她）身上的某些优点和长处。否则，一个浑身上下一无是处的人，你怎么可能接纳呢？所以，即使在婚后，夫妻之间也要经常互相欣赏，不要因为两人朝夕相处就对对方的优点视而不见了。对爱人身上的优点视而不见，这是十分危险的，如果你的爱人的优点在你眼中逐渐消失了，甚至变成了缺点，那说明你们之间的感情有了问题。

道伯森是美国婚姻学家，妻子李妮是大学心理学教授，两人结婚30年，美满幸福，一儿一女也都非常成功。1987年，道伯森的《夫妻沟通艺术》一书发行后十分畅销，10年中累计印数高达100多万册，而且从1988年开始，夫妻俩结伴到各地举办婚姻学习班和巡回演讲，对美国的社会和学术研究影响颇大。他们认为，成功婚姻的第一要素是尊重你的配偶，相互协商而不是相互命令，这是最基本的原则；第二是相互肯定和赞美。

约翰·格里是另一位美国婚姻学家，他在美国红透半边天的原因有两个：一是20世纪80年代末期的畅销美国的著作《男人是战神，女人是维纳斯》；二是他的婚姻讲坛，90%的内容以自己的夫妻生活为例，从自己青春期的性冲动，到青年期的恋爱、现在夫妻感情交流的艺术，包括具体的性生活，大胆真实，极有说服力。他的婚姻讲习班场场爆满。他指出，许多男人在性生活中的误区之一就是过分注重动作，而忘记了相互的心灵感应，即理解、尊重、迷恋和赞美，忽视了调动配偶的情绪投入。

美国婚姻学家进一步指出，每个人的自我价值既需要自我肯定，也需要他人的肯定。配偶是相守时间最长、最了解、最爱且最依赖自己的人，来自配偶的肯定和赞美会使人的自我价值得到最充分的肯定，从而增加对生活和工作的信心。相反，如果指责多于肯定和赞美，夫妻感情一定会出现麻烦，轻则相互贬斥、争斗，重则导致一方或双方的婚外恋直至离婚。调查表明：一个受到配偶充分肯定和赞美的人，对来自别人的赞美会报以谢意；相反，一个人如果得不到配偶的赞美，那么别人的赞美对他或她就具有很大的诱惑。

所以，夫妻之间应该从多侧面、多角度欣赏和赞美自己的爱人，在互相欣赏和赞美中，使双方的感情更加愉悦和融洽。

营造温馨的家庭气氛

大千世界，芸芸众生，每一个人都会有一个家。 一提到家，人们会不由自主地漾起一点温暖之意，一丝幸福之感。每个人都渴望自己能够拥有一个充满温馨、和谐、幸福的家庭。 那么我们何不从小事做起，从小事上关心你的爱人，在生活中多互相为对方想想，这样一来，温馨、甜蜜、和谐的家庭自然而然也就水到渠成了。

1. 从小事上关心她

大多数男人总是不注意从日常小事方面来表现对女人的体贴，因为他们不知道，爱的远逝，往往都是从小地方开始的。 为什么要等你的妻子生病住院了才给她买花呢？ 为什么不今天晚上就买一束玫瑰花送给她？ 如果你愿意，不妨立即去做，看看结果如何。 向你所爱的人表达你的思念，你要让她幸福快乐，而她的幸福快乐对你来说同样也是非常宝贵和重要的。

柯恩是一个百老汇最忙的人，每天习以为常地给他母亲两次电话，直到她老人家去世的时候。你以为每次柯恩打电话给母亲，是有什么重要新闻要告诉这位老人家？不，不是的。注意小地方的意思是：对你所敬爱的人，表示你常想念着她，你希望她愉快。而她的欢愉、快乐，也会使你有同样的感受。

芝加哥一位叫塞巴司的法官，曾处理过 40000 件起于婚姻争执的案件，同时调解了 2000 对夫妇。他曾这样说过："一桩细微的小事，就会成为婚姻不快乐的根源。就拿一桩很简单的事来说，如果一个做妻子的，每天早晨对上班去的丈夫，挥挥手，说一声再见，就会避免很多触上离婚暗礁的危险。"

勃洛宁和他夫人在生活中永远注意到对方细节的地方，彼此间细微的体谅，使他们的爱情永恒。勃洛宁对他那个有病的太太，体贴得无微不至。他太太有一次写信给她的姐妹们说："我现在开始有些怀疑，我是不是像天使一样的快乐。"

女人是一种敏感的动物，有时会把细节的问题看得很重。她们会埋怨说，别的丈夫出差都会给他的妻子买礼物，为什么你没有想着我呢？其实从这件小事上并不能看出男人对她爱还是不爱。我们心里也知道，夫妻在一起生活，就是为了更好地生活，患难见真情。可是女人还是会为这些小事不停地计较。因此作为男人，应该多从小事上关注她。

有一位农家妇女，经过一天的辛苦后，在她的男人面前放下一堆草。男人恼怒地问她是怎么回事，她回答说：

"啊，我怎么知道你注意了？ 我为你做了20年的饭，在那么长的时间里，我从未听见一句话使我知道你吃的不是草！"

许多男士在工作中，总会遇到一些烦心事和挫折苦闷，如果一位善解人意的妻子对他加以关怀和抚慰，这对丈夫无疑是个鼓舞，但是往往会有很多夫妇忽略了，对每天发生的那些琐碎的小事，都太低估了，这样长久下去，会忘了这些事实的存在，那样日子一久，生活也就日趋平淡、毫无生趣了，矛盾也可能由此产生。

为什么不同样体恤一下你的妻子，下次她烧菜烧得很香，你就这样告诉她，使她知道你欣赏她的手艺。 正如格恩常说的："好好地捧一捧这位小妇人。"

生活就是这样，女人要求的并不多，只是一点小事，哪怕是一个眼神，一个微笑，一个拥抱，都会让女人感动一生。 所以，要想保持你的家庭美满快乐，就应该随时注意生活中的琐碎细节，从小事上关心你的她（他）。

2. 互相多为对方想想

婚姻的美满，是每一个人都盼望的。 然而，许多婚姻之所以以失败而告终，其实过错并非是爱情本身。 彼此之间缺乏了解，才是其真正的原因。 婚姻中的理解、体谅、忠诚、信任才是婚姻家庭的基础，也是夫妻之间不可缺少的互动行为。 缺少任何一个都会导致婚姻的破裂。 所以，要想拥有和谐、甜蜜、幸福的婚姻，体贴、理解、忠诚与宽容是不可少的。 只有学会宽容，才能使彼此间的互相交流更加融洽；只有宽容才能让夫妻间的感情保持长久。 生活中互相多为对方想想，婚姻的幸福之路才会越走越宽，生活也将会由此而变得更加甜美、温馨。 夫妻之间尽量避免一些不必要的斤斤计较，也不要一付出就向对方索取回报。 要常常换位思考一下，要给予对方解释的机会，不应该把自己的想法强加于他人。 要了解对方，多为对方想想。

奥斯卡尔·弗雷尔是瑞士著名的神经科医师，他认为："性别间的最大误解根本在于男人和女人几乎不了解他们之间的基本差别。 与此相反，他们总要纠缠次要的差别。 如此一来，唯一出现的结果便是加剧两性间人为的烦恼。"

一位很风趣的男人说："女人们不需要被理解，只需要被爱。"这句话反映出了一种男人的典型偏见。 女人大多数都希望被别人爱，被他人呵护，被别人理解。 那么男人呢？ 其实更需要别人的理解。 假如你一点也不了解这个人的心灵，不了解对方深奥的本性，又怎么能真正地去爱他呢？ 由于差异的存在，相互理解便在夫妻关系中就显得更重要了。

夫妻间的关系不仅要求彼此相爱，而且还要时刻洞察彼此的内心世界相互理解。 但是理解又是多方面的：理解对方的优点和特长，理解对方的缺点和不足，理解对方的爱好和怪癖，理解对方的理想和志向，理解对方的心理活动规律和特点。 在日常生活中，尤其是夫妻双方都应该去感受对方的思想、情绪，应最大限度地缩减从自我出发的主观性，用对方自身的观点去理解他。 这样做，双方或许就能达到不谋而合的默契。

理解是夫妻在共同的人生观、价值观和审美情趣基础上，在长期共同实践中，应该学会的心领神会，一种心与心的默契。 夫妻间有了理解，就能产生对错误的谅解。 如果双方的爱情不能建立在希望对方谅解之上，爱情的污点就会是永远的污点。

理解的先决条件就是双方彼此敞开心扉。 当对方遭受挫折时，要帮他分担忧虑；当对方犯了错误时，就要向他表示，任何人都避免不了有犯错误的可能；当对方获得成功的时候，你要表示对对方由衷的祝贺，并且给予对方赞赏。

车尔尼雪夫斯基曾经说过："爱是欲求和感情的调和，而婚姻的幸福是来自夫妻间的心心相印。"夫妻之间只有真正地相互理解，才能心心相印。 而事实是夫妻矛盾没有谁是谁非，互相让步就无是非；夫妻关系没有谁赢谁输，赢则双赢，输则双输。

再者，夫妻之间的换位思考在美满和谐的婚姻生活中也是非常重要的。

在现实生活中，有些夫妻一方很少去替对方着想，总是站在自己的角度去分析问题，看待事情的发展，如果这样，男人不能理解女人的无奈，而女人也无法真正理解男人沉重的负担。 如果夫妻间缺乏必要的理解和沟通，就会导致矛盾升级、分歧扩大，如果不能及时去纠正它，悲剧就会一次又一次地被重演。

有一对夫妻，丈夫每天的工作时间是八个小时，上下班要花两个小时，妻子则是负责家务事。开始的时候，妻子总是抱怨丈夫一回家就发脾气、闹情绪，既不和她商量任何事情，总是按自己的意思去处理，回到家也不管家务。于是她就经常对丈夫发脾气，抱怨他的不是。丈夫不愿一跨进家门就听见抱怨，于是开始故意躲避妻子，周末经常去郊外踏青。随着时间的流逝，两个人的关系逐渐恶化。后来，妻子去询问了有关专家，并接受了心理医生的建议，开始每天在门口以接吻的方式迎接丈夫下班，而不是去责备丈夫。当丈夫出去的时候，她经常都会同意，而对于他要去哪儿，她也不做任何查问，也不要求丈夫给予说明。在短短的时间里，这对夫妻就又建立起了令人欣慰的和谐关系。

其实，不仅是做妻子的要换位思考，丈夫也应该如此。因为妻子每天都与丈夫在一起，所以有好多的优点、长处妻子都是看不到的；而丈夫每天都在忙碌，妻子所做的家庭琐事更是难得一见，这时夫妻双方就会变得挑剔。要是出现这种情况，双方不妨站在别人的角度看看自己的丈夫、妻子，就会发现其实他（她）身上也有很多闪光点，也许还会让彼此之间的距离一下子拉近，找回久违的激情。

如果双方发生争吵的时候，就多替对方着想：如果我是他，我怎么样做？应该经常想些对方的好处，对自己点点滴滴的恩情、爱护，想他的功劳、辛苦与不易，不要对方做的一点事情不称自己的心意就产生抱怨等不良的情绪，不要记对方的旧账，应该学会观功念恩，不要观过念怨。

夫妻双方在家庭生活中，尤其是在对待对方时，更要表现出宽容的态度，在细节中给予对方更多的关心和体贴，你会发现家庭也会因此而变得更加和睦，生活也会更加美好。

夫妻之间多换位思考，不仅可以使自己的心胸变得开阔而宽容，还能让自我的思想更加成熟而睿智，使自己的心态更加平和健康，同时还能给自己营造一个和谐、温馨、幸福的家庭。

努力防止产生"爱情厌倦"心理

许多人都有过这样的体验，人若长期接触同一事物或从事同一工作，就会产生疲劳感。即使是一幅很美的画、一首很动听的乐曲，如果反复看、反复听，原先的美感也会逐渐消失，而代之以单调乏味的感觉。同样，对于毫无变化、索然无味的婚姻生活也会产生这样的心理反应，这就是"爱情厌倦"心理。

婚姻问题专家加里斯莫里指出：孤独感、生活单调、缺乏情感交流和吸引力的消失是产生"爱情厌倦"心理的主要因素。

孤独感常是产生"爱情厌倦"心理的主要原因。一个人如果没有人与他分享生活中的乐趣与感受，就会产生孤独感。由孤独感又转而成为对婚姻的失望乃至愤怒，原先的情感也就随之消失殆尽。

长期单调贫乏的生活是促成"爱情厌倦"心理的第二个重要原因。家庭生活如果总是在同样的时间以同样的方式进行，就会失去乐趣。而外遇却能提供新鲜感和刺激性，并带有许多吸引人的冒险因素，这对于不甘单调的一方自然构成了巨大的诱惑，继而对原有的婚姻更为不满和厌倦。

夫妻间若长期地缺乏感情交流是滋长"爱情厌倦"心理的第三个因素。事实上，夫妻间的和谐关系是靠思想信息的交流而形成并维护的，它包括互相的尊重与欣赏。夫妻若缺乏情感交流，其隔阂便会浸渗到生活的各个方面，使双方渐渐疏远，由相互看不惯直到相互厌倦，"爱情厌倦"心理便由此而生。

至于吸引力，这是夫妻双方保持相互爱慕所不可缺少的重要因素。而不少做妻子的却认为，自己同丈夫一起生活多年，互相熟悉也无什么生理上的秘密可言，就无须保持端庄的仪态，因而失去了女性特有的魅力，使丈夫逐渐产生厌倦心理。

卡耐基指出：若要防止产生"爱情厌倦"心理，可从以下几个方面来努力：

1.尽量使家庭生活丰富多彩

我们可以经常地举办一些诸如结婚纪念、生日纪念之类的活动，共同回忆初恋与新婚时的情景，以唤醒爱的柔意，加深夫妻间的感情。形式可以是家宴或野餐，也可以参加某项社交活动或外出旅游等。

同时，不断地了解对方和表达自己精神需求，及时进行爱的滋润，并使性生活成为有意义的示爱行为。这样，双方就会燃起对爱情、对生活的新的追求。

2. 经常地赞美对方

不要认为对方的长处是应该具有的、短处却是不可容忍的，而要使他（她）感到他（她）在你的生活中占有重要的地位，以激起他（她）使生活幸福的愿望和行动。事实上，夫妻双方都是对方的精神支柱，都是对方获得幸福的源泉，交流情感为什么要吝啬赞美之词呢？

3. 努力提高自己的修养

这是保持吸引力的重要手段。别林斯基说："爱情是两个相似的天性在无限感觉中和谐地交融。"夫妻既是一个共同生活的整体，又是两个独立的人，它不会因为一方的提高而"带高"另一方。只有双方共同提高，才是婚姻稳固和谐的基础。

4. 找出配偶最强烈的需求是什么并满足之

芭芭拉18年的婚姻看样子即将步入离婚法庭。有一天她流着泪绝望地给卡普特打电话，看他能否帮她一把。

"我不知道该怎么办，"她说，"不管我干什么，比尔好像都不满意。事实上，好像我做的一切都是错的。他不喜欢我那样收拾屋子，不喜欢我做的饭、我的穿着，说我在床上表现冷淡。他总是对我挑剔，批评我做的一切。

"我们去咨询了一位婚姻顾问，但那根本不起作用。卡普特，你能帮帮我们吗？我不想麻烦你，但你是我最亲近的朋友，而且我想凭你在应用心理方面的经验，你或许能想出些办法。我真的很爱比尔，不能失去他，况且也得为孩子们着想。

卡普特问芭芭拉是否知道或清楚大家都有的基本欲望。她说不知道，他便让她到自己的办公室，给她列出如下问题：

他是否需要感受自我价值？那就对他加以注意。让他拥有价值感，满足他的自我价值感。

他是否希望有机会做些有意义的事？给他提供机会；给他一项具有挑战性的任务去完成。

他是否需要情感保障？用你力所能及的方式满足他。

结果是芭芭拉的婚姻保住了。自从了解到丈夫最想从她那里得到什么并保证让他得到以后，他们的婚姻危机也就不复存在了。

如果你的家庭存在问题，这一方法也可帮你。只需记住基本原则：找出配偶最强烈的需求是什么并满足之。再强调一次，这就是人际关系中第一准则，夫妻间也不例外。

5. 经常浇灌爱情的花朵

有一位女青年老是抱怨婚后生活单调乏味，她除了喜欢养花，对家中其他事漠不关心，就连夫妻间温柔亲昵的谈话和性生活都变成了一种例行公事。一天，她向一位女友倾诉了心中的孤寂与空虚。女友望着她养的菊花问她："这菊花开得这么鲜艳，你是怎么照料的？"她说："我除了按时浇水施肥，每年还给它们剪枝，换盆。 天气好时。 搬到屋外面，让它们吸收阳光，逢上刮风、暴雨，我又把它们搬进屋里……"女友打断她的话又问："那么你为你的婚姻做了些什么？"这句问话使她受到震惊。 后来这位聪慧的女人开始像滋养菊花那样去滋养他们的婚姻，她主动帮丈夫擦皮鞋、洗衬衣，还买了一摞丈夫喜欢阅读的诗集。 丈夫也好像变了样，一有空就帮她择菜，打扫屋子，星期天还常带她出去散步、游泳、打保龄球。 现在他俩有滋有味地在享受甜美的夫妻生活。

因为爱情和任何有生命力的生物一样，也需要浇灌，也需要滋润。

6. 积极选择幸福

我们每个人都拥有一种权利，却常常不能正确运用。 那就是选择的自由。 很多人应选择财富时却选择了贫穷；有些人不选择成功却选择了失败；有些人选择了惧怕生活，然而事实上他们只需勇敢地迈出一步，就能抓住本应属于自己的幸福。

家庭生活也是如此。 你有权选择你想要的生活。 你可以选择充满乐趣的生活：充满激动、欢乐和幸福；你也可以选择经常充满愤怒、不满、争执和口角的家庭生活。 一切全凭你。

沃伦·罗兰去世时已和老伴结婚60多年了，他们俩一贯非常幸福。邻居从来未听过一方对另一方吆五喝六，也从来没见过两人怒目而视。

罗兰的侄子结婚前，罗兰把他叫去闲谈。"你想听听我这个老叔叔的一点忠告吗？"他问。侄子说很愿意，以下便是罗兰告诉侄子的话：

"如果你想让婚姻幸福，你就能做到。多年前和你婶婶结婚时我就是这样做的。我们选择了幸福。如果你希望婚姻成功，我建议你也这样做，选择幸福。这很简单，不要把幸福搞得很复杂。

"当然，有欢乐也有痛苦，你不可能每天都生活在山顶上，没人能做到。中间会有些谷地，充满了悲伤、心痛或悲哀。你婶婶和我也有过那样的坏日子。但是我们克服了困难，因为从一开始我们就决心无论发生什么事情都要保证婚姻幸福。

"因此，如果你一开始就选择幸福，你的妻子也同样选择，那么无论发生了什么，你们都有一个幸福的婚姻。"

即使你结婚已经很久，选择幸福总还不嫌太晚。不论有时看起来多糟，如果你作出那个简单决定——选择幸福，事情总会好起来的。

选择幸福的一个小小忠告是：不论内心感觉多么不爽，总要对家人高高兴兴。因你沮丧而让家人痛苦毫无意义。

家人在一起时，养成欢乐、高兴的谈话习惯特别重要。进餐时尤应如此。不要让人倒胃口——包括你自己在内——不要把家宴当成倾吐困难、忧虑、担心、警告和责备的机会。进餐时不宜管束，让每一餐都快乐，都像过节一样。